Inteligencia artificial para pintores y artistas

Inteligencia artificial para pintores y artistas

Ramón Tenreiro

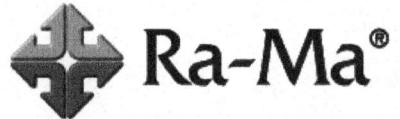

La ley prohíbe
fotocopiar este libro

Inteligencia artificial para pintores y artistas
Thema: UYQV Visión por ordenador
Bisac: TEC075000
© Ramón Tenreiro
© De la edición: Ra-Ma 2024

Editado por:
RA-MA Editorial
Calle Jarama, 3A, Polígono Industrial Igarsa
28860 PARACUELLOS DE JARAMA, Madrid
Teléfono: 91 658 42 80
Fax: 91 662 81 39
Correo electrónico: *info@grupoeditorialrama.com*
Internet: *www.ra-ma.es* y *www.ra-ma.com*
ISBN impreso: 978-84-1036-025-9
ISBN ePub: 978-84-10360-26-6
Depósito legal: M-13779-2024
Maquetación: Antonio García Tomé
Diseño de portada: Antonio García Tomé
Filmación e impresión: Safekat
Impreso en España en junio de 2024

A Ana

ÍNDICE

ACERCA DEL AUTOR

RAMÓN MARÍA TENREIRO GONZÁLEZ-LLANOS

Emprendedor, escritor, arquitecto por la ETSAM de Madrid y MBA por el Instituto de Empresa.

Desarrolla su carrera profesional en los sectores financiero, marketing directo, inmobiliario y digital.

Ha sido CEO de SED.SYSTEMS SL, empresa dedicada a la gestión inmobiliaria. CEO de Simply Easy Diet LLC – Wilmington - USA startup que desarrolló Apps para IOS y Android, así como sus páginas webs. Gerente y administrador único de dos promotoras inmobiliarias, director comercial de Galería del Coleccionista, consejero de la Empresa Municipal de Servicios de Tres Cantos, director general de Directa&mente, director de marketing de Caja Segovia, jefe gabinete Caja Canarias, jefe producto Banco Pastor y arquitecto y emprendedor.

En los últimos tiempos se me ha interesado por la Inteligencia Artificial y ha escrito algunos libros en los que comunica su conocimientos y experiencia.

INTRODUCCIÓN

Generada por img2go.com

La Inteligencia Artificial se ha instalado en nuestras vidas, en las noticias que vemos, en nuestras conversaciones e incluso en nuestra vida profesional y personal. Solo por poner unos pocos ejemplos, usamos asistentes en nuestra casa o en el móvil, como Google, Alexa o ChatGPT.

Vemos anuncios personalizados de forma automática, en base a nuestras costumbres, al uso de internet, etc. Podemos traducir automáticamente idiomas, tanto escritos como audios. Vemos y oímos cómo se están desarrollando automóviles, incluso aviones, para ser conducidos y pilotados de forma autónoma, esto es, sin conductor, solo por la máquina.

Toda esta información, se nos puede presentar como una oportunidad, pero también nos la cuentan como un peligro, una amenaza. Y si bien es cierto que, como en todas las tecnologías, un mal uso de ellas puede ser una amenaza o un peligro, lo cierto es que, para la mayoría del público, la Inteligencia Artificial está mitificada, creemos que puede sustituir e incluso mejorar nuestra inteligencia ya que nos cuentan que tiene una capacidad mayor al cerebro y que, en un futuro cercano, podremos vivir rodeados de máquinas, robots, con mayor inteligencia a la nuestra.

Esto no es real, la Inteligencia Artificial es un campo que nos brinda enormes oportunidades de desarrollo. No cabe duda de que tiene y tendrá un enorme impacto en el mundo, igual que pasó con internet, el teléfono, el automóvil y la máquina de vapor (por poner algunos hitos comparables), pero no tiene parangón con la inteligencia humana.

El término Inteligencia Artificial se atribuye a John McCarthy (1927- 2011), cuando lo eligió tema del seminario, conocido como la conferencia de Dartmouth, organizada por McCartney en 1956, en el Dartmouth College en New Hampshire. Aunque la noción de Inteligencia Artificial ya existía en 1950, esta era una ciencia más teórica que práctica debido a la capacidad de los ordenadores de la época.

La Inteligencia Artificial se popularizó en 1980, cuando el programa MOOR ganó un juego de Othello contra el campeón del mundo. En 1994, el programa CHINOOK ganó el campeonato mundial de damas y, en 1997, el programa DEEP BLUE ganó al campeón del mundo de ajedrez. No obstante, fue en 2011, cuando el ordenador Watson de IBM ganó el juego Jeopardy contra los mejores jugadores de todos los tiempos.

Hoy día, la Inteligencia Artificial es ampliamente utilizada y tiene una enorme capacidad de crecimiento, pero no es sustituto del cerebro humano. Sin un programa, algoritmo, el ordenador no tiene capacidad de aprender, ni de inferir los pasos lógicos a seguir. Carece del sentido común, de la capacidad de abstraer los resultados, de imaginar y de crear del cerebro humano.

En este libro vamos a poner nuestra mirada de pintor en la Inteligencia Artificial, para ver lo que es, cómo nos puede ayudar, cómo podemos aprovecharla y cómo puede interferir en el futuro de la pintura.

Lo veremos de forma práctica, la usaremos para transformar imágenes, para reinterpretarlas y para atribuirles un estilo particular. Nuestra mirada será profunda, fijándonos en los detalles, viendo ejemplos prácticos de su uso. Invito a mi lector/a para que también ponga su mirada en la mía, y recorramos este interesante e ilustrativo camino juntos.

Hay que indicar que los ejemplos utilizados están realizados en Python y utilizo Jupyther Notebook. Naturalmente en un libro editado el código no tiene utilidad, no obstante, para facilitar el aprendizaje el lector/a puede consultar el siguiente repositorio de github, donde incluyo los Jupyther-notebook más interesantes.

https://github.com/rtenreiro/ InteligenciaArtificial_mirada_pintor

Además, puede consultar y explorar en las páginas indicadas en los ejemplos de tensorflow:

https://www.tensorflow.org/tutorials?hl=es-419

1

LA MIRADA DE UN PINTOR

He pintado desde que tenía 8 años. Nací en el seno de una familia de artistas, donde lo normal y habitual era dibujar y pintar. Compartía mi tiempo con mi primo Jaime, tres años mayor que yo, disfrutando de las tardes interminables de nuestros veranos en Esteiro, dedicadas al dibujo y la pintura. Era nuestra forma de jugar.

Veía al tío Antonio llegar a casa en verano, instalar su caballete, sacar sus acuarelas y pintar. Observaba con asombro la maestría con la que, sin hacer ni siquiera un esbozo, aplicaba los colores con grandes pinceladas y enseguida el papel reflejaba su mundo, su forma de sentir e interpretar el entorno que compartíamos.

Pintaba para disfrutar, para encontrarme, para expresarme. Fui aprendiendo a ver el mundo, a sentir la luz y los colores, a entender la perspectiva no solo lineal, sino también espacial, el difuminado y desenfocado de la distancia, el color del aire, la perspectiva cromática que dibuja la distancia.

Figura 1.1. Fotografía del autor del cuadro al óleo del autor "Cabañas"

Disfruté aprendiendo las técnicas del dibujo, a lápiz, a carboncillo, con ceras y pasteles, las técnicas de la pintura a la acuarela y al óleo. Este aprendizaje me servía para ver al mundo con otra mirada, con otra perspectiva.

Para pintar necesitaba fijarme en las cosas, en las proporciones, en la luz y el color, en la distancia. Todo ello me permitía disfrutar del paisaje, de una puesta de sol, de un contraste de luz.

Disfruto observando el mundo, interpretando los colores, la distancia, la luz, el espacio; con todo ello descubro la perfecta belleza del mundo que nos rodea. Fui creciendo y aprendiendo; en clases de pintura, de modelado.

Estudié arquitectura y descubrí el análisis de formas, a expresarme con el dibujo, las matemáticas que están detrás de los edificios, de la representación, el dibujo lineal, a dibujar con tinta, a representar las ideas en un boceto, con un dibujo.

Tengo ojos para la luz y los colores, aprendí a detener el tiempo en una mirada. A observar y descubrir en el mundo su belleza, a tratar de expresar todo ese mundo exterior e interior en una hoja de papel, en un lienzo.

Hago y he hecho muchas cosas, trabajé como arquitecto, director de marketing, emprendedor, pero si me tengo que definir, tengo que decir que soy pintor.

Porque es lo que me define, en lo que estoy cincelado, es lo que identifica mi manera de ver y observar el mundo que me rodea, la forma de ser y expresarme. Tengo la mirada de un pintor.

Desde esta perspectiva, te invito a compartir conmigo este interesante debate sobre la Inteligencia Artificial y la imagen.

Empezaremos con la mirada, cómo los humanos percibimos y creamos imágenes, continuaremos con otra mirada a la pintura a través del tiempo, detendremos nuestra mirada en la Inteligencia Artificial, qué es y qué nos puede aportar, cómo con ella podemos producir y crear imágenes.

Terminaremos, con nuestra mirada de pintor, oteando el futuro de la pintura, tratando de vislumbrar por dónde navegar en nuestro futuro.

Te dejo algunas de las pinturas que he realizado, con ellas te descubro quien soy yo y mi mirada al mundo y, así, podemos compartir emociones, sensaciones y mirarnos a los ojos.

Figura 1.2. Fotografía del autor del cuadro al óleo del autor "Ámsterdam"

En el próximo capítulo, pondremos nuestra mirada en cómo los humanos vemos, percibimos, creamos nuestras imágenes y necesitamos compartirlas.

Figura 1.3. Fotografía del autor del cuadro al óleo del autor "Brugges"

Figura 1.4. Fotografía del autor del cuadro al óleo del autor "Barco"

Figura 1.5. Fotografía del autor del cuadro al óleo del autor "Terraza"

Figura 1.6. Fotografía del autor del cuadro al óleo del autor "Autorretrato"

Figura 1.7. Fotografía del autor del cuadro al óleo del autor "Gent"

2

LA MIRADA

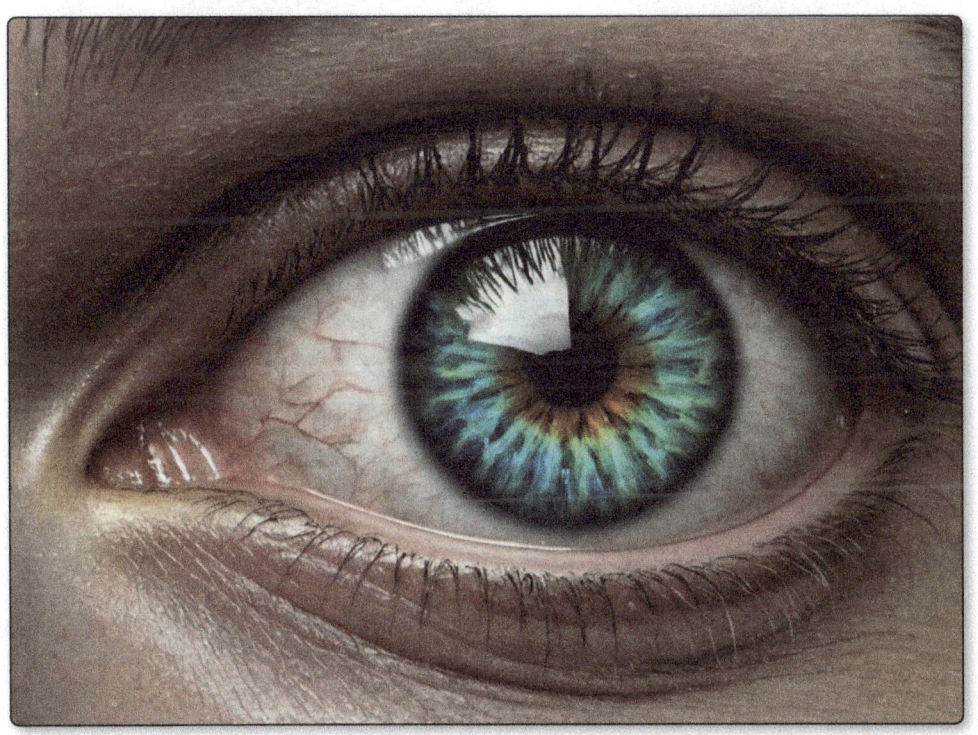

Figura 2.1. Imagen obtenida por Inteligencia Artificial (img2go.com)

La mirada es el espejo del alma, resumimos con esta frase la conexión que se produce entre dos seres humanos cuando nos cruzamos las miradas, hay un momento en que, a través de ellas, tenemos una conexión mental, somos capaces de entender, de ver el alma. También, contactamos con otros animales, mirándonos a los ojos, y ellos con nosotros. Un perro necesita mirar a los ojos a su dueño para conectar con él.

Naturalmente, a través de la mirada descubrimos el mundo que nos rodea. Percibimos la luz, los colores, la profundidad, la belleza. Somos capaces de conectar con ellos, de entender las relaciones, las situaciones, las sensaciones. De abstraer lo fundamental, creamos imágenes en nuestro cerebro. Tenemos distintas formas de mirar y, con ellas, de conocer, de ver las formas y de entender nuestro mundo desde perspectivas distintas.

Figura 2.2. Imagen obtenida por Inteligencia Artificial (img2go.com)

Ahora, para mirar de una manera científica, recojo del excelente artículo de los biólogos Torrades y Pérez-Sust, en su trabajo Sistema Visual, lo que hay detrás de una mirada, ellos nos explican que:

Los objetos emiten o reflejan radiaciones luminosas de distintas frecuencias e intensidad, que penetran en el interior del globo ocular a través de la pupila. Después, la señal luminosa pasa por la córnea, el cristalino y la cámara interior acuosa hasta llegar a la retina.

La retina, un tejido fotorreceptor que cubre la mayor parte de la superficie interior, constituye el plano sobre el que se proyectan las imágenes de forma invertida. En la retina, los fotorreceptores, conos y bastones, transforman la luz en energía electroquímica que se transmite al cerebro a través del nervio óptico, hasta la corteza visual del cerebro, situada en el óvulo occipital, donde se produce la percepción.

Toda la información que se recibe a través de los ojos llega al cerebro, donde se procesa. Se conocen unas 30 áreas visuales localizadas en los lóbulos occipitales, parietal, temporal y frontal de la corteza cerebral.

Cada área extrae diferentes tipos de información de la señal de entrada visual; desde los rasgos más elementales como la frecuencia espacial, orientación y contraste (áreas del lóbulo occipital), hasta los rasgos más complejos tales como el movimiento, el color o la forma de los objetos (propio de la región parietal temporal y frontal de la corteza cerebral).

Hay una organización jerárquica entre las áreas visuales. Todas las áreas están altamente interconectadas, pero cada una de ellas está especializada en una parte del análisis funcional de la información.

La cognición visual es el resultado de interacciones recurrentes entre las distintas áreas visuales. Sin embargo, hay que tener en cuenta que, generalmente, no miramos una escena de forma estática, los ojos se mueven buscando las partes «interesantes» de la escena, para construir un mapa mental de la realidad observada.

El ojo humano hace movimientos oculares rápidos debido a que, únicamente la parte central de la retina, la fóvea, tiene una alta concentración de conos. Es decir, el ojo capta pequeñas partes de una misma escena para optimizar sus recursos. Si toda la escena fuera vista como lo que entendemos por alta resolución, el diámetro del nervio óptico debería ser incluso mayor que el del propio globo ocular.

Por este motivo, en el proceso de percepción visual, primero tiene lugar la detección de los bordes del objeto que miramos, después se inicia el proceso estereoscópico, el fusionado de las dos imágenes procedentes de los dos ojos. Este proceso tiende a construir la superficie de la imagen, añadiéndole textura, profundidad y orientación, captando movimiento y color.

A continuación, se lleva a cabo el rellenado cognitivo del fondo, es decir, el cerebro construye la totalidad de la escena a partir de las pequeñas partes que visualiza mediante rápidos movimientos oculares.

En el tramo final de todo estímulo visual, se ha descrito la existencia de señales neuronales de tipo retroalimentación en el córtex visual. Estas señales de modulación tardía se asocian con varias zonas cognitivas como la conciencia visual, la atención y la memoria visual.

Estudios recientes han demostrado que la interpretación que hacemos de los estímulos generados en nuestros ojos está condicionada por las presunciones que hacemos previamente sobre el entorno. Por lo que, en la percepción visual, el cerebro construye, en parte, lo que vemos.

Si parte de la percepción depende de nuestras propias presunciones, está claro que lo que nos muestra el mundo real no tiene por qué ser lo que percibimos. Los ojos sólo son responsables de una parte de la percepción visual, el cerebro hace el resto. En definitiva, podríamos decir que se trata de un acto de reconstrucción interpretativa.

Este magnífico trabajo, nos da la mirada científica. El mundo que vemos no es el mismo ni único para todos. Cada persona, por su cultura, experiencia, sensibilidad, etc., tendrá una imagen distinta creada por su reconstrucción interpretativa.

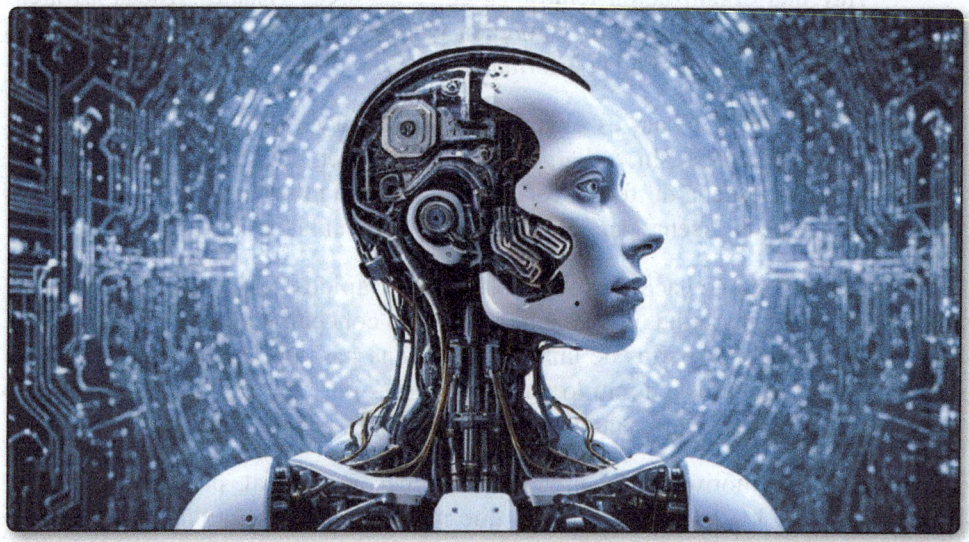

Figura 2.3. Imagen obtenida por Inteligencia Artificial (img2go.com)

Para finalizar este punto, hay que añadir que el cerebro no necesita los ojos para crear una imagen, el cerebro es capaz, con la imaginación, con el pensamiento, incluso en el sueño, de crear imágenes que para nuestro cerebro son tan reales como las que percibimos con los ojos, sobre las que puede recordar e incluso modificar su memoria.

Esto es por lo que vemos en la mirada el espejo del alma, por lo que somos capaces de comunicarnos y expresarnos, de intercambiar sensaciones y sentimientos a través de nuestras miradas. Pero la mirada, que es etérea, no es el punto final, necesitamos el tacto, la materia para completar la tarea. Necesitamos tocar lo que vemos.

Las personas necesitamos el contacto físico, un darse las manos, un abrazo, una palmada, un beso. También, el artista necesita plasmar su imagen, construida con su pensamiento cultura e imaginación, con su percepción visual, con su interpretación del mundo, en un papel, en un lienzo, a través del aprendizaje de unas técnicas, aplicando pigmentos, creando trazos, con pinceladas y, con todo ello, convertir la imagen etérea y cerebral en materia física, que se puede tocar y se puede compartir.

Desde el principio de la historia, la humanidad necesitó hacer reales, materializar sus imágenes, imágenes creadas por su cerebro, la mayoría de las veces a través de la percepción visual, pero siempre añadiendo su bagaje cultural, a veces interpretándolo de una forma mágica o mística o naturalista o jerárquica, pero siempre plasmando en ellas su sensibilidad y sentimientos. La forma de materializar nuestras imágenes se fue aprendiendo con las técnicas, primero seguramente en la arena y en la tierra, como hace un niño en una playa, luego, descubiertos los pigmentos, en un árbol o en una piedra. En cualquier cosa que pudiéramos compartir.

Continuamos el siguiente capítulo con una mirada a la pintura a través del tiempo, como nosotros, los seres humanos, hemos plasmado nuestras imágenes a lo largo de nuestra historia.

## 3

UNA MIRADA A LA PINTURA A TRAVÉS DEL TIEMPO

Figura 3.1. Imagen obtenida por Inteligencia Artificial (img2go.com)

La iconografía es la ciencia que estudia el origen y la formación de las imágenes, las relaciones de estas con lo alegórico y lo simbólico, así como sus respectivas identificaciones por medio de los atributos que casi siempre las acompañan.

Naturalmente, no entraré en un análisis profundo de las imágenes, ya que no trato de hacer un trabajo científico, sino sencillamente, ver la pintura, a través del tiempo, con la mirada de un pintor, describiendo, de obras centrales de cada época, lo que mi sensibilidad y conocimiento me habla de ellas, me transmiten y me emocionan. Mi mirada en estas obras de arte.

Figura 3.2. Imagen obtenida por Inteligencia Artificial (img2go.com)

Empecemos a mirar la pintura. Cuando nos referimos a la pintura hablamos de una forma artística que busca representar una imagen gráficamente, para ello empleamos formas y colores, realizados a través de instrumentos como el lápiz o el pincel y usando materiales de pintura, generalmente pigmentos mezclados con sustancias aglutinantes, orgánicas o sintéticas que aplicamos en una superficie que puede ser una hoja de papel, un lienzo, un muro, una madera, etc.

Para pintar usamos conceptualmente al dibujo, la teoría del color, la composición pictórica, las luces y sombras y las perspectivas de contraste, enfocado y color.

Todo ello hay que aplicarlo con destreza, por lo que también es necesario aprender a dibujar, colorear utilizando las técnicas y en general ser hábil con nuestras manos.

La pintura conocida más antigua y que ha llegado a nuestro tiempo, está fechada por los historiadores hace unos 32.000 años.

No cabe duda de que, desde el origen de los tiempos, la humanidad necesitó expresar, reflejar sus imágenes cerebrales en imágenes físicas. Nos podemos imaginar, igual que vemos un niño en la playa hacerlo, que las primeras pinturas serían dibujos realizados con ramas sobre la tierra, trabajos efímeros.

Me imagino que, igual que un adolescente con una navaja deja su nombre en la corteza de un árbol, este sería un segundo procedimiento, si bien más difícil de aplicar, mucho más duradero.

Conforme se desarrollaron las técnicas y se fueron descubriendo nuevos instrumentos, nuevos materiales, tanto las técnicas de aplicación como el soporte, fueron mejorando, dando más prestancia y más durabilidad a las pinturas.

Naturalmente, la mayoría de estos trabajos han desaparecido con el paso del tiempo, incluso una pintura de hoy día es difícil pensar que pueda durar los 32.000 años de las pinturas que encontramos en las cuevas.

Las encontramos en las cuevas, sobre todo recónditas, porque eran lugares escondidos, donde no se entra fácilmente, evitando por tanto la manipulación de otras personas.

Además, eran espacios protegidos de las lluvias y del sol, que afectan y descomponen los pigmentos. Finalmente se aplicaban en la piedra que permanece más inalterable.

Empecemos con nuestra mirada en la pintura más antigua, la de la cueva de Chauvet.

3.1 PINTURAS DE LA CUEVA DE CHAUVET

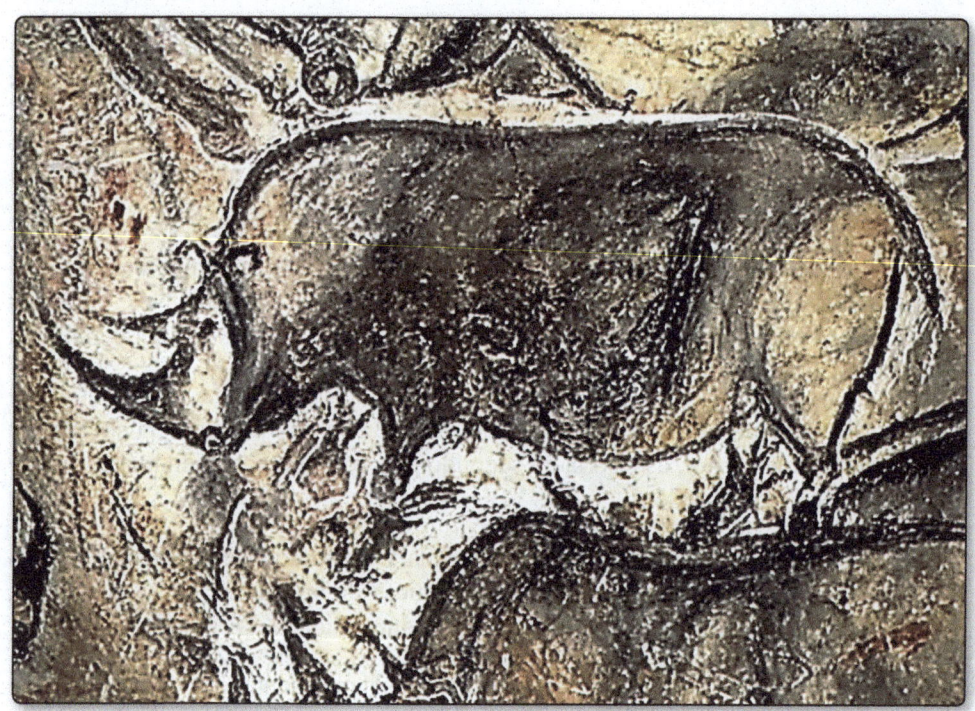

Figura 3.3. Fechada hace aproximadamente 32.000 años

Realizada con ocre de arcilla, rojo de óxido de hierro y negro de dióxido de manganeso, o sea, con tierra y piedras.

Me imagino a nuestro antepasado, tratando de expresar su interés por este animal, que le daría terror y también alimento. Puede que también quisiera expresar su poder y conocimiento, la del pintor.

La pintura trata de captar el volumen, utilizando para ello la propia volumetría de la roca y un esbozo de sombras.

Sorprende el conocimiento ya adquirido de cierta perspectiva espacial, del difuminado.

Además de esta imagen que recojo en el libro, hay otras pinturas que representan caballos, distintos tipos de felinos, superpuestos unos a otros. Hay representados más de 425 animales.

No hay representaciones humanas ni divinas. Por tanto, la temática era seguramente el temor y la alimentación. Se supone que su objeto era preservar un conocimiento, contar una historia.

Hay que añadir, que la cueva está en un lugar prácticamente inaccesible, que además estas pinturas se encuentran en la zona más insospechada, por lo que tampoco podemos interpretar que su objeto fuera difundir este conocimiento. Parece más bien un altar de la cultura y la ciencia, un santuario.

La técnica figurativa y el simbolismo utilizado siempre ha dado origen, en las culturas primitivas, sin una tradición científica, a lo que se denomina "leyendas" es decir historias mitológicas, inverosímiles para aquellos que no las comparten, pero vitales para los grupos que creen en ellas.

Como ya comenté, es destacable y típico de las cuevas con arte rupestre la ausencia de representaciones de figuras humanas, aunque, en esta cueva, existen trazos que algunos especialistas interpretan como piernas y genitales de una mujer.

Además, hay paneles de impresiones y plantillas de manos positivas en ocre rojo realizadas por impresión directa.

Igualmente se encuentran por toda la cueva símbolos abstractos, líneas y puntos.

Todo ello, ha llevado a expertos en arte y culturas prehistóricas a creer que pudieran ser pinturas de tipo ritual, chamánico o mágico.

Esta pintura pertenece a la pintura paleolítica.

Continuemos nuestro viaje, con un salto de casi 22.000 años, para visitar las cuevas de El Cogul.

3.2 PINTURAS DE LA CUEVA DE COGUL

Figura 3.4. Es uno de los yacimientos más destacados del arte rupestre levantino,
de la época neolítica

En cuanto a la técnica vemos que son figuras de pocos trazos, realizados con cierta soltura, aplicando colores planos, con una cromática del rojo al negro, pasando por cafés, ocres y morados, que parecen tintas. El trazo contornea y luego rellena creando figuras planas, sin volumen ni perspectivas.

La composición no es muy elaborada, las figuras forman grupos, pero hay figuras inclinadas que no mantienen la verticalidad y, además, unas se ponen encima de las otras de manera independiente.

La temática recoge animales, esta vez parecen más vinculado a la comida o al conocimiento que al terror.

Además, a diferencia de la anterior pintura, se recoge y es protagonista la figura humana.

Aparecen representadas un grupo de mujeres, alrededor de un hombre, en una actitud de danza o de ritual.

Entrelazada, aparece la figura de un cazador con un arco y en el suelo parece verse un ciervo muerto con una flecha clavada.

Por tanto, estas imágenes nos están contando unas historias, no solo representando una figura.

También, aparece una inscripción con caracteres de escritura ibérica y latina, una de las cuales es un votum, lo que se podría relacionar con que el lugar fuese un santuario.

Hay 42 figuras pintadas y 260 elementos grabados sobre la roca. Estas pinturas pertenecen a la pintura neolítica.

El neolítico, supone una profunda transformación para el ser humano, que se volvió sedentario y se dedicó a la agricultura y la ganadería, surgiendo nuevas formas de convivencia social y religiosa.

En la pintura neolítica se representa la figura humana, muy esquemática, reducida a trazos básicos, pero muestra sentimientos, sensaciones, cuenta historias, crean símbolos en lugar de figuras. Contemplan la muerte, además de la vida, y se comparten sentimientos.

Continuamos nuestra mirada al siglo XV a.C. la pintura del antiguo Egipto.

3.3 PINTURAS DE LA CÁMARA FUNERARIA DE AMENEMHET

Figura 3.5. En Egipto surgió una de las primeras grandes civilizaciones, con obras de arte elaboradas y complejas

Vemos como la pintura adquiere una gran complejidad, lo que representa es una escena, nos cuenta una historia cargada de gran simbolismo. Ya no representa lo que vemos, sino el mundo que queremos, que creamos.

Existe ya un dominio de la técnica, aunque las figuras son planas y carecen de volumen y de luz. Las figuras son proporcionadas, la composición trabajada, la escena es representativa. Llama la atención que la figura aparece siempre de perfil en la cabeza y extremidades, pero los ojos y los hombros de frente.

Es un arte jerarquizado, las imágenes se representan con un tamaño que se corresponde con una jerarquía, en esta pintura vemos que la figura de becerro o toro es de tamaño claramente inferior, en relación con la figura humana, a su tamaño real, se muestra del tamaño de un perro.

Esta obra de arte tan elaborada exige ya una especialización muy grande del artista, lo que imprime un carácter individualista.

Se maneja y utiliza el color con técnicas elaboradas, los pigmentos naturales eran extraídos de tierras de diferentes colores, una pasta de color, que mezclaban con barro y disolvían con agua para aplicarlo en muros con una capa de tendido de yeso.

Sus principales técnicas fueron el fresco, el temple, el encausto y a veces también el esmalte.

La pintura se utilizaba para decorar paredes de templos y tumbas, así como ilustrar papiros.

Es un arte esencialmente simbólico, con un significado religioso y político, podemos observar cómo la primera figura de mujer lleva lo que parece una balanza con tres saquitos y en el otro brazo parece sostener objetos de algún ritual. La figura femenina que encabeza la imagen parece llevar una cesta en una mano y unas flores o plantas en la otra. El becerro es llevado por la figura central. En la parte superior aparecen unas inscripciones.

Naturalmente, tratándose además de una pintura en la cámara funeraria, podemos interpretar que todo ello tiene un significado simbólico, algo que trata de representar la vida y la muerte, algo que trata de dejarnos un mensaje, un conocimiento.

Es de señalar que, como en el caso anterior, al tratarse de pinturas en una cámara funeraria, han tenido restringido el paso de personas, de la luz y de la lluvia, lo que ha posibilitado que la pintura haya durado 3.500 años.

Esta circunstancia no se da en la pintura griega, pues no se conservan cuadros, siendo las únicas obras pictóricas conservadas las aplicadas en cerámicas y mosaicos, por lo que continuamos nuestra mirada sobre la pintura romana: año 40-60 d.c.

3.4 PINTURA HERACLES Y OMPHALE

Figura 3.6. Fresco romano de Pompeya del 40-60 d.C. Dimensiones: 88x103 cm.
Conservado en el Museo Arqueológico Nacional de Nápoles Italia

A primera impresión, destaca su elaborada técnica. Ya se dominan casi todas las técnicas de la pintura actual, vemos el tratamiento del volumen, de las sombras, el uso de la perspectiva, de los colores y del dibujo.

No cabe duda de que se trata de una pintura simbólica, recoge una narración mitológica. En ella aparecen cuatro escenas distintas, en una de ellas, la reina con dos doncellas observa a Heracles que, vestido de mujer, de la narración mitológica, está mirando al lado contrario. En el medio de ambas escenas hay otras dos donde aparecen otras criaturas mitológicas tratando de arrastrar algunos objetos, los de abajo sobre la tierra y la escena de arriba sobre un pedestal, en el que se apoya un espejo.

En las escenas, vemos perfectamente el volumen de las figuras a través del modelado de las sombras, el uso de la perspectiva, tanto la geométrica en el pedestal, como la espacial en el tamaño de las figuras.

Se domina plenamente el dibujo, la pintura, la composición, el uso de los colores, la volumetría y el escorzo.

La pintura comunica sensaciones, sentimientos, vemos los distintos gestos de los personajes; algunos muestran reflexión, otros muestran intriga, esfuerzo, divertimento.

En la antigua Roma era normal decorar los muros de las casas y palacios principales con pinturas, la gran mayoría han desaparecido.

Este ejemplo y la mayoría de las que se conservan y llegaron a nuestros días, son de Pompeya, debido a que, tras la violenta erupción del monte Vesubio, la ciudad fue enterrada bajo toneladas de sedimento, lo que la preservó del expolio, la lluvia y el sol.

Con claro precedente del arte etrusco, el arte romano recibió una gran influencia del arte griego y gracias a la expansión del Imperio Romano, llegó a casi todos los rincones de Europa, norte de África y Próximo Oriente, sentando las bases evolutivas del futuro arte desarrollado en todas estas zonas.

Nuestra siguiente mirada nos lleva al siglo XV, la fijaremos en un ejemplo de pintura gótica: el matrimonio Arnolfini.

3.5 PINTURA: EL MATRIMONIO ARNOLFINI

Figura 3.7. Jan Van Eyck, National Gallery de Londres. 1434. Representa al
rico mercader Giovanni Arnolfini y a su esposa Giovanna Cenami

Es una obra maestra, fiel reflejo de las características estilísticas de los primitivos flamencos y es un compendio del estilo de su autor. En su composición sobresale:

La minuciosidad, las figuras y los objetos se representan con una meticulosidad solo posible gracias al empleo del óleo y de plumillas. Como ejemplo de ello, vemos reflejado en el espejo del fondo, toda la habitación, incluyendo el mobiliario, los personajes y una vista de la ciudad. Además, en el propio marco, se representan diez escenas de la Pasión de Cristo.

En el naturalismo, la realidad se representa con la mayor exactitud posible, aunque la imagen parezca poco realista por la actitud hierática de los retratados. No se ve movimiento y la escena es teatral y poco espontánea.

La preocupación por la luz, que penetra por la ventana y envuelve las formas delicadamente. La perspectiva que crea el marco arquitectónico y el recurso del espejo dan una sensación de profundidad y espacio.

Se trata de una obra de autor, un artista excepcional, que trata de vender su maestría en el arte del dibujo y de la pintura, demostrando su extraordinaria técnica y capacidad.

La pintura permite verse desde lejos, pero anima a verla de muy cerca, donde disfrutamos al ver el juego del reflejo de la escena, contraria a la vista del observador. Como remate la firma del autor, en una caligrafía cuidadosa encima del espejo, en la parte central del cuadro y al que la vista atrae, dando nombre y autor a esta obra maestra.

3.6 PINTURA: LA CREACIÓN DE ADÁN

Figura 3.8. Miguel Ángel, capilla Sixtina Ciudad del Vaticano. 1512

Fresco situado en bóveda de 500 m², esta composición es de 280x570 cm

Este fresco es un detalle de una obra inmensa, se extiende sobre 500 m² de techo y contiene más de 300 figuras. En su centro hay nueve episodios del Libro del Génesis, divididos en tres grupos: la creación de la tierra, la creación del hombre y el pecado original. Está realizada para verse a mucha distancia y en una superficie curva.

Lo primero que destaca es su composición, grandiosa, majestuosa y extraordinaria. Si una imagen vale más que 1.000 palabras, esta bóveda contiene más de 300.000 palabras, el Libro del Génesis al completo representado visualmente.

La escena nos muestra la creación del hombre, representado por un Adán terrenal al que el Dios celestial toca para darle la vida y le insufla el aliento divino. Representa un instante de máxima intensidad, ya que los dedos tienen una pequeña separación; ya se han unido y ahora están separándose, lo que nos hace percibir la tensión y nos detiene en el tiempo.

Además de ser una pintura religiosa, que nos muestra visualmente lo que el evangelio hace textualmente. Es también una pintura simbólica cargada con la visión científica, naturalista y realista del renacimiento. Así algunos quieren ver alrededor de la figura de Adán el útero materno señalando, por tanto, también la creación biológica. Y algunos creen ver representado con el alrededor de la imagen de Dios, el cerebro humano, un hemisferio diseccionado, por tanto, uniendo alma al cerebro.

Las figuras tienen volumen y profundidad creados por claroscuros, perspectiva espacial, se desenfocan en la lejanía. Las figuras contienen un tratado de la anatomía, sus miradas nos trasmiten sentimientos y sensaciones. El color se utiliza para crear una sensación de armonía y serenidad, con pinceladas sueltas, amplias y dinámicas. El movimiento de los paños, el cabello y la barba de Dios, así como las líneas oblicuas que se repiten en toda la obra, logran transmitir la sensación de circulación de la energía vital de la creación.

Una obra colosal realizada por un genio extraordinario.

3.7 PINTURA: LAS MENINAS

Figura 3.9. Diego de Velázquez, Museo del Prado. 1656

Representa la familia de Felipe IV - Óleo sobre lienzo 320x281x570 cm

Definición de obra maestra por antonomasia.

Pintura realizada al óleo sobre un lienzo de grandes dimensiones, donde las figuras situadas en primer plano se representan a tamaño natural.

Composición extraordinaria, muy elaborada y con grandes recursos técnicos y pictóricos.

Absorbe al espectador dentro del cuadro, el pintor, autorretratado, nos mira como para pintarnos en el lienzo. Al observarlo con mayor detalle, vemos que en el fondo del cuadro hay un espejo que refleja a los reyes, que estarían en la posición del observador, por tanto, son ellos realmente los personajes pintados por Velázquez.

La puerta abierta en el fondo con un personaje secundario nos crea un punto de fuga y un nuevo diálogo entre los distintos volúmenes, la profundidad creada por el claroscuro, por el tratamiento de la luz, por la perspectiva espacial, desenfocando y sintetizando las figuras más alejadas.

En este juego compositivo que nos involucra, que dialoga con nosotros, como si estuviéramos en una película, Velázquez vuelve a jugar poniendo en primer plano al perro, figura a la que le da el mayor detalle figurativo, sin embargo, la luz pone en primer lugar y de forma destacada a la princesa, que además se ve reforzada por la mirada de las dos damas de compañía.

Cuadro irrepetible, único y excepcional, con una composición, un tratamiento del espacio, de la luz, del claroscuro, de la perspectiva espacial, que no solo transmite emociones y sentimientos, sino que abre un diálogo entre el observador y la obra del pintor, que impide a este observarla de una manera distante e indiferente.

La maestría de Velázquez, el dominio ya de todas las técnicas del dibujo y de la pintura, el disfrute del pintor realizando su obra, la firma del cuadro ya no es una caligrafía en el centro de la obra, sino el retrato del propio autor, orgulloso de su obra.

No cabe duda de que Velázquez es uno de los grandes genios de la pintura y esta obra suya Las Meninas, ocupa un lugar destacadísimo entre las mayores obras maestras del arte mundial de todas las épocas.

3.8 PINTURA: SATURNO

Figura 3.10. Francisco de Goya, Museo del Prado. Óleo 146x83 cm - 1823

Esta pintura al óleo sobre revoco formaba parte de la decoración de los muros de la casa de Francisco Goya y pertenece a la serie de las Pinturas Negras, fue copiada del revoco al lienzo por Salvador Martínez Cubells.

Las Pinturas Negras son unas pinturas personalísimas de este pintor genial. No solo por mostrarnos el disfrute del pintor al realizar su obra, sino que, además, su objeto era ser disfrutada por el autor, en su propia vivienda y para identificarse como la suya y propia.

Es una obra maestra de la pintura, del uso del claroscuro, de la luz, del escorzo para dar movimiento e incorporar el tiempo. Nos muestra el virtuosismo del pintor, con manchas de pintura que sintetizan los volúmenes y las formas por medio de la luz y de la mancha.

Es una pintura totalmente precursora y que mostrará caminos a muchos artistas para buscar nuevas formas de expresión, una vez que la invención de la fotografía sustituirá la necesidad de pintar la realidad, exigencia de un personaje que quería retratarse, como una forma de obtener cierta inmortalidad, ya que la imagen fotográfica podrá sustituirla.

Figura 3.11. Fotografía realizada por William Henry Fox Talbot entre 1844 y 1846

3.9 PINTURA: IMPRESIÓN: SOL NACIENTE

Figura 3.12. Claude Monet, Museo Marmottan Monet, Óleo 48x63 cm - 1872

Esta pintura marcará un camino y un propio estilo, el impresionista. El pintor no busca representar la realidad del paisaje, sino la emoción que le trasmite, la impresión que el artista ha tenido y que es capaz de mostrarla, digamos compartirla con el observador.

La pintura se realiza sin esbozo o dibujo previo, aplica los colores de base para reflejar el cielo y la mar y, sobre esta base, con pincel también directamente, pinta la línea del horizonte con un fondo sintetizado y desenfocado que crea profundidad, en colores azules, que es el color del aire y de la profundidad del espacio. Añade brillos y reflejos desenfocados.

Pinta un sol naranja claramente definido y lo sitúa en la escena con sus distintos reflejos en el cielo y en el mar.

Finaliza con tres esbozos de embarcaciones que, con el difuminado del color, del negro cercano al azul lejano, de la síntesis y enfoque: el tercero es una mancha prácticamente sin detalle, el del medio presenta un cierto detalle, que ya si tiene, sin ser un dibujo minucioso y elaborado, la primera embarcación, en ella se distingue al navegante manejando la barca y al acompañante sentado.

Sitúa las embarcaciones en el cuadro y en el espacio con sus sombras y reflejos en la mar y termina el cuadro con los trazos que marcan las olas y el movimiento del mar.

En la segunda mitad del siglo XIX, nos encontramos una situación parecida, o que puede recordar a la actual. El desarrollo de la fotografía, el uso que los personajes hacen de ella para retratarse, hace reflexionar a los artistas pintores sobre cuál debe ser el propio camino de la pintura.

Los artistas consagrados y mayores no quieren entrar en el debate y son los artistas jóvenes, que se unen en el salón de los Rechazados y en el café Guerbois, quienes deciden abrirse al nuevo camino y surge la I Exposición de la sociedad anónima de artistas pintores, escultores y grabadores, que tuvo lugar en 1874 en las salas que el fotógrafo Nadar les prestó.

Acudieron alrededor de 3.500 visitantes, muchos de ellos se rieron de las obras presentadas. En esta exposición Monet presentó 9 obras entre la que destacó la obra que comentamos.

Figura 3.13. Autorretrato del fotógrafo Nadar

3.10 PINTURA: EL BESO

Figura 3.14. Gustav Klimt, Galeríe Belverde, Viena, Óleo 180x180 cm - 1908

Óleo con laminillas de oro y estaño sobre lienzo Obra y abajo su detalle

La pintura nos transmite una intensa emotividad, es alegato al amor, un abrazo y un beso inocente en la mejilla y recibido con los ojos cerrados de la mujer, nos transmite una enorme sensación de ternura, de paz, de amor y de compartir un mismo sentimiento al observar el cuadro.

En un camino muy diferente a Monet, Klimt realiza un dibujo de enorme calidad, detalle, técnica y precisión, para representarnos, las caras los brazos y los pies. Es un dibujo de gran maestría, ver el contorno de las manos, el escorzo del hombre, la sensación de paz de la mujer, demuestran una maravillosa técnica, sin embargo, es figurativo a la pintura no le interesa la luz, las sombras, existen muy ligeras en los ojos, las manos y el escorzo para crear un delicado volumen.

Al detalle de los rasgos de las dos figuras, se contrapone un entorno formado sin volumen, sin profundidad ni espacio, los cercanos a los personajes adornados de formas geométricas con las flores, hojas, cuadraditos, etc., todo muy plano. Y en el resto, directamente una plancha de lámina de oro que, evidentemente, se contrapone y nos abre un diálogo entre las emociones y el frío alrededor. Es como un beso en una cama en medio de la nieve.

Klimt fue fundador del movimiento secesionista de Viena, los artistas vieneses querían dar a su arte una expresión despojada, un arte propio. En 1903, se forma una nueva agrupación de artistas en torno a los llamados Talleres Vieneses, en los que colaborarían Gustav Klimt y otros. En la puerta podía leerse: "a cada tiempo su arte, y a cada arte su libertad."

Klimt había recibido muy duras críticas por sus pinturas en el techo de la Universidad de Viena (1900-1907) La exposición The Kunstschau de 1908, en la que presenta El beso, supone la ruptura con el movimiento. Las críticas volvieron a ser muy duras, pero El beso se convirtió en un auténtico éxito y el gobierno vienés lo compró antes de terminarla Klimt.

El simbolismo es un movimiento artístico, que se caracteriza por el uso de símbolos y metáforas, para expresar ideas y emociones. Klimt se convirtió en uno de los más importantes representantes de este movimiento.

3.11 PINTURA: EL GUERNICA

Figura 3.15. Pablo Picasso, Centro de Arte Reina Sofía, Óleo 776x349 cm - 1937

Óleo sobre lienzo de lino y yute, blanco negro y gama de grises.

Sin palabras, la pintura nos transmite el horror de la guerra, no deja a nadie impasible, retrata mucho mejor que una fotografía, lo que es el horror sin sentido de la destrucción de una batalla. Esta imagen conmueve directamente a nuestro corazón.

Si nos detenemos más en la observación de la pintura, no somos capaces de entenderla, sin un análisis profundo y sosegado y, aun así, es muy difícil entender, comprender y ver todas las figuras representadas.

En principio, podemos ver en la composición tres escenas, organizadas como en un tríptico publicitario desplegable.

Hay una escena central que ocupa aproximadamente el doble que las laterales, en la que se puede ver representada la figura de una luz con una bombilla, la cabeza de un caballo agonizante, una mujer saliendo por una ventana con un quinqué en la mano, otra mujer, debajo de la anterior, corriendo despavorida y, en el centro, una confusión de imágenes sobre un hombre tendido, parece que herido, pues se puede ver un brazo cortado en cuya mano hay una espada. Se ve su cabeza con la boca abierta, parece que gritando y dos ojos situados en un lateral y con distinta orientación.

Podemos pensar, que las patas del caballo están encima del cuerpo del hombre. También, vemos una cola de caballo y una confusión de figuras.

En el lateral izquierdo, vemos la cabeza de un toro, girado sobre su cuerpo y con la cola de caballo, a sus patas, una mujer clamando por la injusticia de perder a su hijo, que se descubre muerto entre sus brazos. La expresión de ira se interpreta de la posición de la boca hacia arriba y de la lengua en forma de puñal.

En el lateral derecho, vemos un edificio en llamas y una figura clamando contra esta injusticia, también con la boca arriba, los ojos en direcciones contrarias y el gesto de los brazos en alto, que puede ser interpretado como clamar por la injusticia o pedir auxilio. Debajo hay como una figura dentada, o con puñales, y una pierna que puede corresponder a la de la mujer que corre en el panel central.

Independiente que Picasso recuerde en esta pintura su época cubista, la pintura se descompone con la intención de perturba aún más la mirada del observador, de expresar la confusión de un bombardeo en la noche.

Es una obra impresionante, además de por su tamaño, por la cantidad de estímulos y sentimientos que nos provoca. Resuelta con un técnica depurada y experta, que demuestra su capacidad de síntesis. Hay perspectiva en la ventana, luz y sombra en la escena, pero no para transmitirnos una imagen real del mundo, sino para añadir intensidad a la escena. También, para añadir dramatismo, prescinde del color, independiente que se puede interpretar porque la escena es en la noche, yo creo que la utiliza de forma deliberada para acrecentar el dramatismo que nos transmite.

Obra maestra del siglo XX sin ninguna duda, la maestría de Picasso, el simbolismo de la pintura, la enorme capacidad que tiene de transmitirnos emociones, perturbaciones y su dramatismo, la ponen como muestra de un camino para la pintura y el arte, que, desde luego no puede ser recorrido por otro tipo de imagen, por lo que resuelve el debate de finales del siglo XIX.

Quiero finalizar este capítulo de mirada a la historia de la pintura con dos obras cercanas a mí y que quiero homenajear, por orden cronológico, la primera de mi tío Antonio y la segunda de mi primo Jaime.

3.12 PINTURA DE ANTONIO TENREIRO BROCHÓN

Figura 3.16. Sin título, propiedad particular. Óleo sobre tabla. 41,5x73,5 cm - 1963

https://www.antoniotenreirobrochon.com/epoca-negra?lightbox=image11vh

Esta pintura corresponde a la llamada época negra de mi tío, que tuvo lugar en los primeros años sesenta del siglo pasado. Mi tío, salvo este paréntesis, tuvo una paleta muy colorida. Particularmente disfrutaba de la inmediatez de la acuarela, donde era capaz de expresar, con pocos trazos de pincel, la extraordinaria belleza de un paisaje y de transmitirnos sus sentimientos.

En la época negra reduce la paleta a tonos oscuros y sobrios. Además, simplifica, la composición y las formas de las figuras y objetos, con pocas manchas nos transmite sus emociones.

Esta pintura a mí me transmite belleza, una belleza dramática, parece un día de tormenta, y serenidad. Disfruto contemplándola y veo a mi tío disfrutando en su ejecución.

La pintura se realiza directamente, sin dibujo, posiblemente con un simple esbozo de pincel, creando la línea del horizonte, donde el mar se une a un cielo verdoso, con gran profundidad creada por el contorno blanco de las nubes del primer término y su difuminado en pincelada y color.

En primer término y de forma muy simplificada, se resuelve la playa, de arena y piedras, sobre las que se sitúan las tres barcas, por su forma típicas de Pontevedra, que se nos presenta con un gran volumen obtenido por la descomposición de los planos y el uso del claro-oscuro y de la geometría y sintetización.

Para mí es una pintura espectacular, maestra.

Termino mi pequeño homenaje a mi tío, recogiendo el final de su escrito, en el que yo lo veo totalmente reflejado.

"*Yo no me considero ningún genio de la pintura ni de nada, simplemente desde niño he pasado por la vida con los ojos muy abiertos y maravillados ante el espectáculo del mundo, el mar, las nubes, los pájaros... mi pintura es a media voz, bastante silenciosa y sin grandes pretensiones que por otra parte debido a mi doble oficio de pintor-arquitecto casi siempre me faltó el tiempo material para cubrir grandes lienzos.*

Irrumpí en el mundo artístico, en aquellos desolados años de la postguerra, tan frustrantes y faltos de libertad creadora, y creo poder enorgullecerme de haber podido poner mi granito de arena para dejar entrar un poco de aire fresco o simplemente un poco de emoción entre tanta pintura desfasada, manoseada y aburrida que padecíamos."

(Autobiografía de Antonio Tenreiro para el catálogo de su exposición en el Kiosko Alfonso de A Coruña en 1995)

3.13 PINTURA DE JAIME DOMÍNGUEZ TENREIRO

Figura 3.17. Tejo, imagen cedida al autor por el artista. Óleo sobre tabla

Pintura totalmente naturalista y simbólica, que demuestra la maestría en el dibujo y la pintura. La composición es simbólica, en ella se representa la casa de nuestros abuelos, donde veraneábamos cuando éramos niños.

En el centro traspasando el río Covés, que era límite de la finca, se ve la verja del tejo, árbol que identifica la finca, que cierra un espacio circular en cuyo fondo aparece representado el propio tejo, junto a otros árboles y tejos más cercanos.

En el centro de ese espacio circular se representa la fuente de la Paloma, otro de los identificativos de la finca. Fuera de la verja, nuestros miedos de niños, el perro del casero y el gallo del gallinero.

En primer plano, aparecen unas figuras, algunas mitológicas formando un triángulo, unas ninfas bañándose en el río, y una figura que yo interpreto como su autorretrato. Yo veo a mi primo, observando la primera figura mitológica, que le está tratando de convencer de algo, mientras a él se le ve reflexionando por si le convence o no.

Creo que es una pintura que define su estilo, él buscaba en la pintura, primero, disfrutar y luego transmitirnos su mundo interior, lleno de recovecos, de pequeños tesoros, de un conocimiento y una cultura nada desdeñable.

Él me dio esta fotografía de su pintura, para que yo la usara en mi casa de Ferrol, trasladándola por imprenta a la pared de la entrada a ella, ya que ambos compartíamos este mismo recuerdo, de nuestra vida en Esteiro en los veranos de nuestra niñez y adolescencia.

Finalizada esta mirada a la pintura a través del tiempo, hemos visto como la necesidad de comunicarse, de transmitir nuestras imágenes y pensamiento, ha llevado a la humanidad a crear pinturas e imágenes para poder materializarlas y así compartirlas.

Hemos visto como con la cultura y el desarrollo de la ciencia y la técnica, la pintura fue evolucionando, de ser mágica, a ser una espiritual y jerarquizada, luego la expresión del poder y finalmente, con la invención de la fotografía, la pintura tuvo la necesidad de encontrar su nuevo destino a través de distintos caminos.

Hoy, la Inteligencia Artificial nos vuelve a colocar en la situación de finales del siglo XIX, la necesidad de encontrar nuevos destinos y buscar nuevos caminos. Pero antes de entrar en el debate, tendamos nuestra mirada a la Inteligencia Artificial, qué es, para qué sirve y qué tiene que aportarnos al mundo de la imagen o de la pintura.

4

MIRADA A LA INTELIGENCIA ARTIFICIAL

Figura 4.1. Imagen obtenida por Inteligencia Artificial (img2go.com)

La Inteligencia Artificial se ha instalado en nuestra vida profesional y personal.

Solo por poner unos pocos ejemplos, usamos asistentes en nuestra casa o en el móvil, como Google, Alexa o ChatGPT.

Vemos anuncios personalizados de forma automática, en base a nuestras costumbres, al uso de internet, etc.

Podemos traducir automáticamente idiomas, tanto escritos como audios.

Vemos y oímos cómo se están desarrollando automóviles, incluso aviones, para ser conducidos y pilotados de forma autónoma, esto es, sin conductor, solo por la máquina.

Para la mayoría del público, la Inteligencia Artificial está mitificada, se cree que puede sustituir e incluso mejorar a nuestra inteligencia, ya que nos cuentan en los telediarios que tiene una capacidad mayor al cerebro y que, en un futuro cercano, podremos vivir rodeados de máquinas, robots, con mayor inteligencia a la nuestra.

Esto no es real, la Inteligencia Artificial es un campo que nos brinda enormes oportunidades de desarrollo. No cabe duda de que tiene y tendrá un enorme impacto en el mundo laboral, igual que pasó con internet, el teléfono, el automóvil y la máquina de vapor (por poner algunos hitos comparables), pero no tiene parangón con la inteligencia humana.

Definimos como inteligencia: la capacidad de entender o comprender, la capacidad de resolver problemas, el conocimiento, la habilidad, destreza y experiencia.

La RAE define la Inteligencia Artificial como la disciplina científica que se ocupa de crear programas informáticos, que ejecutan operaciones comparables a las que realiza la mente humana, como el aprendizaje o el razonamiento lógico.

El término Inteligencia Artificial es atribuido a John McCarthy (1927- 2011), cuando fue elegido tema del seminario, conocido como la conferencia de Dartmouth, organizada por McCartney en 1956 en el Dartmouth College en New Hampshire.

Aunque la noción de Inteligencia Artificial ya existía en 1950, esta era una ciencia teórica debido a la capacidad de los ordenadores de la época.

La Inteligencia Artificial se refiere a sistemas capaces de analizar un problema, o entorno, y presentar unas soluciones, o tomar medidas, de forma autónoma para lograr resolverlo o conseguir los objetivos.

Por lo tanto, cuando hablamos de Inteligencia Artificial, estamos hablando de una aplicación, un programa, que de forma autónoma realiza una serie de tareas para resolver un problema o alcanzar un objetivo.

Detrás de dicha aplicación, tendremos un código, un software, con un algoritmo que formula una respuesta acertada al problema.

La IA se diferencia de la inteligencia humana en que se basa en algoritmos y programación preestablecida, mientras que la inteligencia humana se basa en procesos cognitivos que incluyen el aprendizaje, la comprensión, la resolución de problemas, la percepción y la emoción.

La IA es excelente para procesar grandes cantidades de datos de forma rápida y precisa, pero carece de la capacidad de comprender el contexto, mostrar empatía y realizar tareas fuera de su programación.

Sin un programa, un algoritmo, el ordenador no tiene capacidad de aprender, ni de inferir los pasos lógicos a seguir. Carece de sentido común, de la capacidad de abstraer los resultados, de imaginar y de crear que tiene el cerebro humano.

El cerebro humano aprende con la lógica, la intuición, la abstracción. Vemos y observamos el mundo que nos rodea y aprendemos con nuestra experiencia, con nuestra intuición, con nuestra inteligencia y con nuestras emociones. Tenemos capacidad de sintetizar, de explorar de abstraer y de crear.

En general, la IA aprende o través de un sistema experto, diseñado por humanos, o a través de un proceso automático de aprendizaje basado en la repetición y en el ajuste automático para resolver un problema.

Un ejemplo de sistema experto es el diagnóstico médico, que analiza los síntomas de un paciente y los compara con una base de conocimiento, previamente establecida, para identificar posibles enfermedades.

Veremos en detalle más adelante, en las redes neuronales, el modelo de aprendizaje automático.

La Inteligencia Artificial se popularizó en 1980, cuando el programa MOOR ganó un juego de Othello contra el campeón del mundo.

En 1994, el programa CHINOOK ganó el campeonato mundial de damas y, en 1997, el programa DEEP BLUE ganó al campeón del mundo de ajedrez.

No obstante, fue en 2011, cuando el ordenador Watson de IBM ganó el juego Jeopardy contra los mejores jugadores de todos los tiempos.

La Inteligencia Artificial es ampliamente utilizada y tiene una enorme capacidad de crecimiento, pero no es sustituto del cerebro humano.

El aprendizaje automático se desarrolla con un proceso similar a como aprendemos los humanos, dicho procedimiento lo podemos dividir en cinco componentes que vemos en la siguiente imagen:

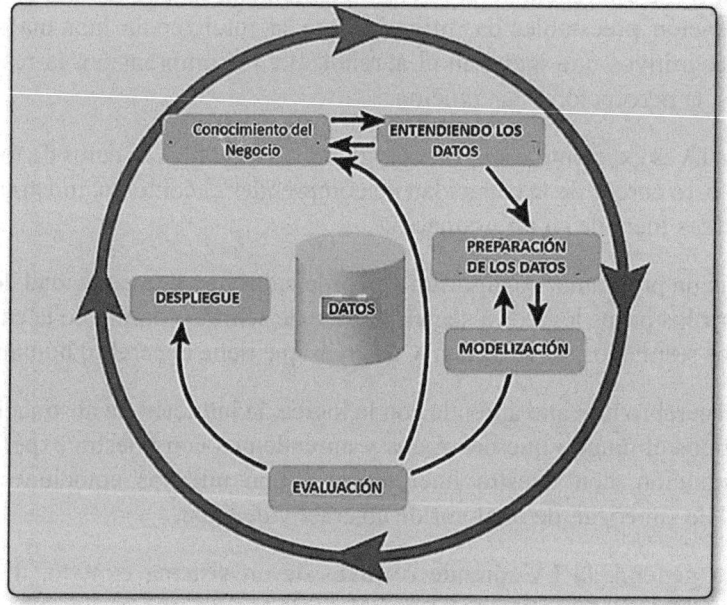

1. Los datos: todo proceso de conocimiento automático se inicia con la obtención de los datos; en general se necesitan que sean muchos y que representen o sean los objetivos del aprendizaje. Se obtienen de la observación y de la experiencia. Se necesita conocer también sus características, implicaciones, etc.

2. El conocimiento del contexto del problema o negocio que queremos resolver y los objetivos a conseguir: es necesario conocer en profundidad las características e interacciones de todo ello para enfocar el aprendizaje y poder obtener una solución.

3. La preparación de los datos para su utilización adecuada en la modelización: es necesario que los datos presenten las características necesarias, que sean homogéneos, que representen y caractericen lo que queremos resolver y representen la variabilidad, heterogeneidad y característica de lo que queremos que aprenda. Además, en general, es

necesario que sean muchos, ya que necesitamos tener datos suficientes para que el algoritmo aprenda, se examine y luego se utilice.

4. El modelado: que consiste en utilizar uno de los muchos algoritmos de Inteligencia Artificial posibles, en función del problema, de las características y de las capacidades que contemos para terminar creando el modelo que tenga capacidad de aprender por sí mismo y llegar a resolver el problema.

5. La evaluación del modelo con otro conjunto de datos: para retroalimentar el modelo y medir la utilidad del conocimiento adquirido e informar de posibles mejoras.

Los dos principales tipos de algoritmos de aprendizaje automático son el aprendizaje supervisado y el aprendizaje no supervisado. El aprendizaje supervisado es el más utilizado y el que ha experimentado los mayores avances y la mayor innovación. Podemos hablar de que el 99% del valor creado por el aprendizaje automático, en la actualidad, proviene del aprendizaje supervisado.

4.1 APRENDIZAJE ARTIFICIAL SUPERVISADO

El aprendizaje artificial supervisado emplea algoritmos que aprenden a partir de ejemplos, utilizando datos de variables y respuestas correctas, también llamadas etiquetas. Esto permite que el modelo aprenda buscando las relaciones entre las variables y las etiquetas. En este proceso, los datos de estudio incluyen tanto las variables como las soluciones o respuestas que se desean predecir, lo que llamamos etiquetas.

El algoritmo aprende, de forma iterativa contrastando los pares correctos de entradas con las salidas o etiquetas y estableciendo unos valores que resuelven las ecuaciones y pueden proporcionar una predicción razonable del resultado.

Veamos algunos ejemplos de su utilización:

Si la entrada o variable es un correo electrónico y la etiqueta indica si el correo es spam o no, estamos utilizando un clasificador de correo no deseado.

Si la entrada es un clip de audio y el objetivo del algoritmo es generar la transcripción del texto, estamos utilizando reconocimiento de voz.

Si utilizamos el español y el algoritmo traduce automáticamente al inglés, al chino u otro idioma, estamos utilizando traducción automática.

Dependiendo del tipo de algoritmo que utilicemos y de las características de los datos y etiquetas: hablaremos de regresión lineal de una variable si los resultados pueden tomar valores continuos y la variable que explica el modelo es una.

De regresión lineal multivariante si los resultados necesitan varias variables para explicarse.

Por otra parte, si el resultado solo puede tomar uno o dos valores, por ejemplo, spam sí o no, hablaremos de clasificación, que tendrá un algoritmo de regresión logística.

4.2 APRENDIZAJE ARTIFICIAL NO SUPERVISADO

Es en el que se tiene un conjunto de datos sin etiqueta, por lo que el modelo debe encontrar patrones y estructuras de los datos por sí mismo. Es decir, el modelo aprende con la exploración de los datos y la identificación de similitudes y diferencias entre ellos.

Por tanto, los algoritmos utilizados descubren patrones ocultos o agrupaciones de datos a través de encontrar similitudes y diferencias entre ellos. Es utilizado para el análisis exploratorio de datos, estrategias de venta cruzada, segmentación de clientes y reconocimiento de imágenes.

El aprendizaje no supervisado es aplicado por ejemplo en:

- ▶ Secciones de noticias: Google News, para categorizar artículos sobre la misma historia de varios medios informativos.

- ▶ Visión artificial: los algoritmos se utilizan para tareas de percepción visual, como el reconocimiento de objetos.

- ▶ Detección de anomalías: los modelos pueden analizar grandes cantidades de datos y descubrir puntos de datos atípicos. Estas anomalías pueden identificar equipos defectuosos, errores humanos o brechas de seguridad.

- ▶ Perfiles de clientes: facilitan la comprensión y los hábitos de compra de los clientes comerciales.

- ▶ Motores de recomendaciones: utilizan datos de comportamiento para descubrir tendencias que se pueden utilizar para desarrollar estrategias de venta cruzada.

Las principales técnicas de aprendizaje no supervisado son:

1. Clustering (agrupamiento). Es una técnica de aprendizaje no supervisado que consiste en dividir un conjunto de datos en grupos o clústeres basados en su similitud. Esta técnica es ampliamente utilizada en diferentes áreas, como la segmentación de clientes, la detección de comunidades en redes sociales y la clasificación de documentos.

2. Detección de anomalías. Es otra técnica importante que consiste en identificar patrones o instancias que difieren significativamente del resto de los datos en un conjunto. Es útil en muchas áreas, como la detección de fraudes en transacciones financieras, la detección de intrusiones en sistemas de seguridad y la identificación de fallas en equipos industriales.

3. Sistemas de recomendación. Son algoritmos que dan sugerencias personalizadas para los elementos que son más relevantes para cada usuario. Se utilizan por ejemplo para recomendaciones de YouTube, películas, etc.

4. Aprendizaje por refuerzo. Ha surgido para abordar problemas de toma de decisiones secuenciales repetidas. Por ejemplo, la conducción de un coche sin conductor.

Además de esta clasificación dependiendo de si tiene etiqueta o no, también podemos clasificarlo por el tipo de algoritmo usado.

Hablamos antes de regresión lineal, regresión logística, etc. Pero, además, hay también los que se llama Algoritmos de Aprendizaje Avanzado o Aprendizaje Profundo (Deep Learning) que también denominamos Redes Neuronales y que resuelven con eficiencia tanto problemas dentro del Aprendizaje Supervisado como No Supervisado. Por su implicación en el tratamiento de imágenes, mirémoslo con más extensión:

4.3 REDES NEURONALES

Cuando las redes neuronales se inventaron, alrededor de 1950, la motivación era crear un algoritmo que imitase la forma en que el cerebro aprende y resuelve los problemas. Se popularizaron alrededor de los ochenta, cuando surgieron algunas aplicaciones de reconocimiento de dígitos manuscritos para el reconocimiento de códigos postales y para leer las cifras de los cheques bancarios de forma automática. Finalmente, su gran despegue fue a partir de 2005 rebautizado como Deep Learning.

Desde entonces, las redes neuronales han revolucionado un área de aplicación tras otra, con gran impacto, como las aplicaciones de reconocimiento de voz, el procesamiento del lenguaje natural y el reconocimiento y tratamiento de imágenes. Hoy día, muchas áreas de aplicación del aprendizaje automático utilizan redes neuronales.

A pesar de que las redes neuronales casi no tienen nada que ver con la forma en que aprende el cerebro, su motivación inicial era crear un algoritmo que imitase al cerebro. El siguiente diagrama ilustra el funcionamiento de una neurona y su réplica como algoritmo.

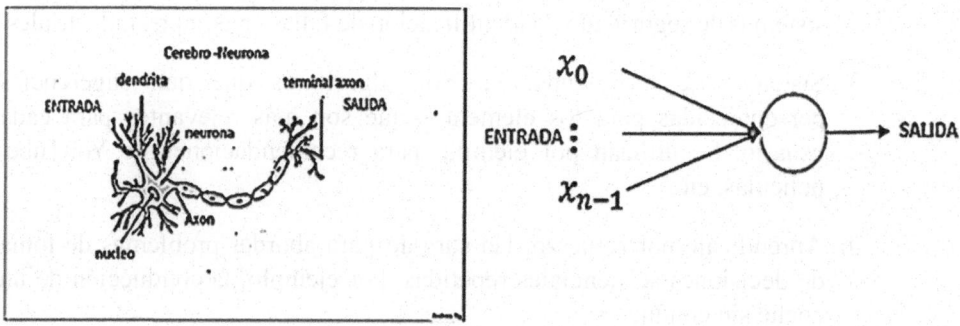

El pensamiento humano proviene de neuronas, de millones de neuronas.

Cada neurona tiene una serie de entradas denominadas dendritas, que reciben impulsos eléctricos de otras neuronas, luego la neurona realiza operaciones en su interior y devuelve, a través de una serie de salidas denominadas axones, otro impulso eléctrico que envía a otra neurona.

Por tanto, se crean unas redes de comunicaciones con impulsos eléctricos que permiten al cerebro conocer los problemas y resolverlos.

El funcionamiento del cerebro sigue siendo un tanto misterioso, aunque se sabe desde hace tiempo que las señales se transmiten a través de una compleja red de neuronas y, al hacerlo, tanto la señal como la estructura de la red se transforman.

Las Redes Neuronales Artificiales (RNA) se inspiran en la estructura y función de las redes neuronales del cerebro humano. Estas redes procesan datos a través de capas de neuronas, transformando las entradas en salidas que pueden interpretarse como respuestas a los estímulos originales. El aprendizaje profundo se refiere a RNA con múltiples capas ocultas, lo que les permite abordar problemas más complejos dividiéndolos en subproblemas más pequeños.

Imagina una red neuronal como un complejo sistema de procesamiento de información, compuesto por capas de neuronas interconectadas. Cada neurona realiza cálculos basados en los datos de entrada que recibe y transmite esa información a las neuronas de la siguiente capa. Comencemos nuestro viaje en la primera capa: la capa de entrada. Esta capa es la puerta de entrada de la red neuronal, donde los datos ingresan al sistema. Por ejemplo, si estamos entrenando una red neuronal para reconocer imágenes de perros y gatos, la capa de entrada recibiría píxeles de imágenes de perros y gatos.

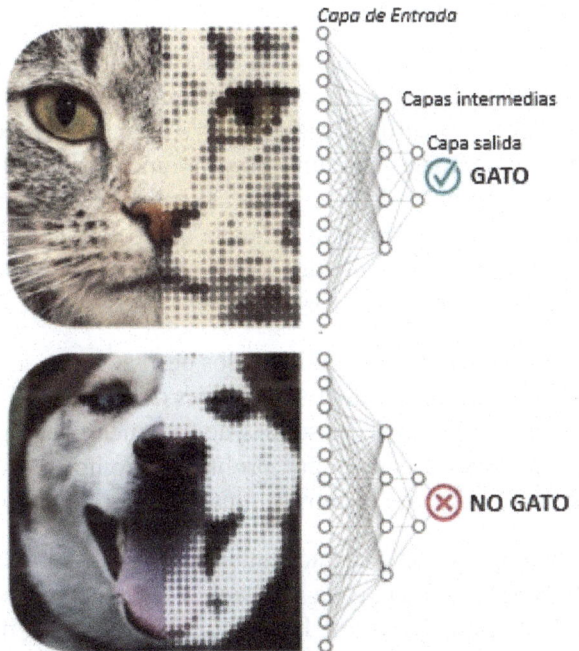

Gráfico de EPRS, producido por Samy Chahri; créditos de las imágenes: @bedneyimages (freepik.com) y C. Brear (Unsplash).

A medida que los datos ingresan a la red neuronal, comienza su viaje a través de las capas ocultas, o intermedias. Estas capas realizan cálculos complejos para extraer características y patrones de los datos de entrada. Por ejemplo, una capa podría detectar bordes en una imagen, mientras que otra capa podría identificar formas y texturas. A medida que los datos fluyen a través de estas capas, la red neuronal aprende a representar las características clave de los objetos en los datos de entrada.

Una vez que los datos han pasado por las capas ocultas, llegan a la capa de salida, donde se toma la decisión final. Siguiendo con nuestro ejemplo de reconocimiento de imágenes de perros y gatos, la capa de salida podría tener dos neuronas: una para perros y otra para gatos. Dependiendo de cómo se hayan ajustado los pesos de las conexiones en la red neuronal durante el entrenamiento, una de estas neuronas se activará más que la otra, indicando si la imagen es más probable que sea un perro o un gato.

Para realizar estos cálculos, la red neuronal ha de entrenarse, a través de miles de interacciones con miles de imágenes de perros y gatos, para obtener la solución e identificar si una imagen es de perro o gato.

La fórmula utilizada para resolver el algoritmo de forma automática es a través del uso de la función *Descenso de Gradiente*, que es un algoritmo fundamental en el entrenamiento de redes neuronales. Su objetivo es ajustar los pesos y sesgos de las conexiones entre las neuronas para minimizar la función de pérdida, que mide la diferencia entre las salidas reales de la red y las salidas deseadas, esto es comprueba si la predicción, cálculo, realizada por la red es la que tiene que ser o hay un error. Este proceso de ajuste gradual permite que la red aprenda de los datos y mejore su rendimiento con el tiempo. Veámoslo por pasos.

• **PASO 1.** Antes de comenzar el entrenamiento, los pesos y sesgos de la red neuronal se inicializan aleatoriamente. Estos valores determinan cómo se combinan las entradas para producir las salidas de cada neurona. Una inicialización adecuada es crucial para evitar problemas como el estancamiento en mínimos locales durante el entrenamiento.

• **PASO 2.** Durante la propagación hacia adelante, los datos de entrada se alimentan a través de la red neuronal, capa por capa, y se calculan las salidas de cada neurona. Este proceso utiliza la función de activación de cada neurona para determinar su estado de activación en función de la suma ponderada de las entradas y los pesos.

• **PASO 3.** Una vez que se han calculado las salidas de la red, se compara con las salidas deseadas para calcular la pérdida. La pérdida representa la discrepancia entre las predicciones de la red y los valores reales. Cuanto menor sea la pérdida, mejor será el rendimiento de la red.

• **PASO 4.** La retropropagación del error es el proceso mediante el cual se calculan las contribuciones de cada peso a la pérdida total de la red. Este proceso se realiza de manera eficiente utilizando el cálculo del gradiente de la función de pérdida con respecto a los pesos de la red. El gradiente indica la dirección y la magnitud en la que deben ajustarse los pesos para minimizar la pérdida.

- **PASO 5.** Utilizando el gradiente calculado durante la retropropagación, se actualizan los pesos y sesgos de la red mediante un proceso conocido como descenso de gradiente estocástico. Este proceso ajusta gradualmente los parámetros de la red en la dirección que minimiza la pérdida, moviéndose hacia abajo en la superficie de error.

- **PASO 6.** Iteración: el proceso de propagación hacia adelante, cálculo de la pérdida, retropropagación del error y actualización de parámetros se repite iterativamente durante el entrenamiento de la red. Con cada iteración, la red se ajusta gradualmente para mejorar su capacidad para realizar la tarea deseada.

4.4 REDES NEURONALES CONVOLUCIONALES – CNN

Una convolución es un operador matemático que transforma dos funciones f y g en una tercera que contiene una relación entre ambas.

La aplicación de este concepto matemático a las redes neuronales reside en que la forma de tratar la información en una red neuronal convolucional se realiza utilizando capas, donde las primeras detectan patrones y los clasifican para usarse en las siguientes capas para identificar y aprender.

Las redes neuronales convolucionales son muy utilizadas en el diagnóstico, identificación y tratamiento de imágenes. De alguna manera, recuerdan al comportamiento humano, nuestro cerebro clasifica y diferencia múltiples objetos, distinguiendo el color, los bordes, las curvas y las sombras.

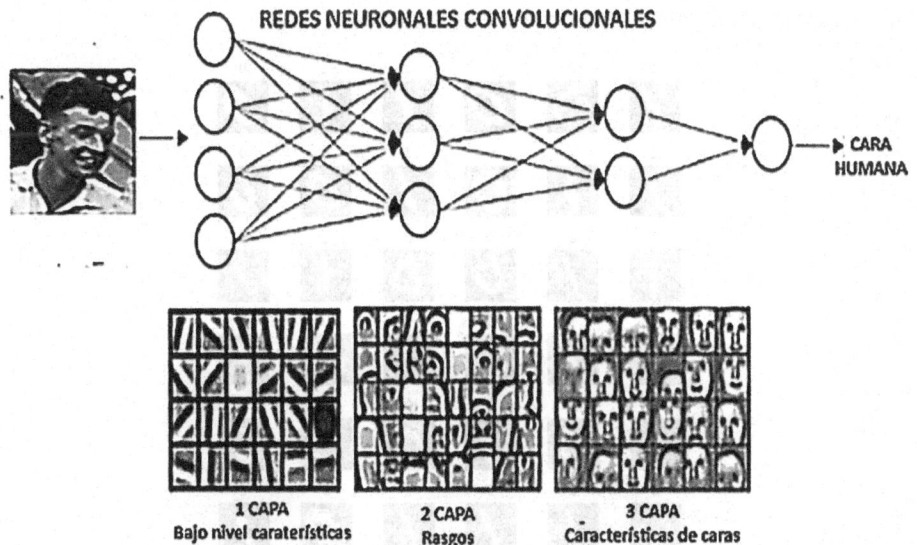

REDES NEURONALES CONVOLUCIONALES

CARA HUMANA

| 1 CAPA | 2 CAPA | 3 CAPA |
| Bajo nivel caraterísticas | Rasgos | Características de caras |

La CNN (convolucional net neuronal) en la primera fase, extrae las principales características de la identificación, por ejemplo, bordes, inclinaciones, etc.

La segunda fase, utiliza rasgos de los ojos, la boca, etc. La tercera, utiliza imágenes de caras humanas. A través de este recorrido, podrá clasificar la imagen y, si concuerdan con las características que la identifican en nuestro ejemplo, una cara humana.

Para profundizar veamos algunos ejemplos del uso de redes neuronales, para ello utilizaremos ejemplos de TensorFlow, creado por Google (ver bibliografía).

En estos ejemplos se utiliza el lenguaje de programación Python y las librerías de TensorFlow, TensorFlow Hub y Keras, de donde obtenemos las funciones y los algoritmos preentrenados para realizar las aplicaciones.

Veámoslo con los siguientes ejemplos.

4.5 CNN - TENSORFLOW – RECONOCIMIENTO DE DÍGITOS ESCRITOS

Disponemos de 1.000 imágenes de unos y ceros escritos a mano, cada dígito es una imagen de ocho por ocho, o sea 64 píxeles donde el número 255 indica un píxel blanco y el cero un píxel negro, el resto tonos de grises.

Si nos fijamos en la imagen siguiente, donde mostramos 36 imágenes, seleccionadas de forma aleatoria, entre las 1.000 imágenes que disponemos y que, como vemos, están etiquetadas, podemos observar que la característica del 1 es que el trazo blanco forma una línea, mientras que el cero contiene píxeles negros en el interior, entre dos líneas curvas de píxeles blancos.

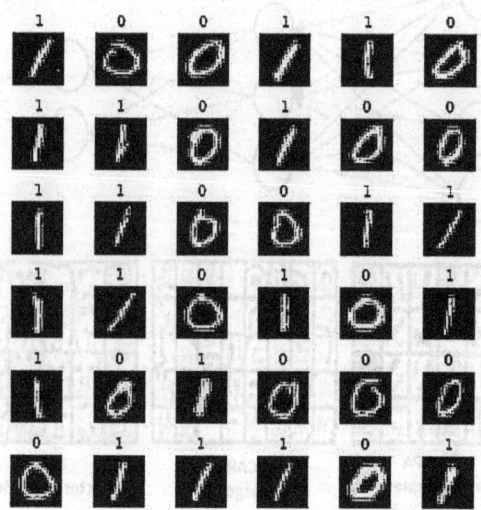

Dadas estas características de entrada, utilizaremos una red neuronal con dos capas ocultas, la primera de 25 neuronas o unidades, la segunda de 15 neuronas o unidades y la capa de salida con la unidad de salida.

Repasemos la secuencia de cálculos que deberá realizar la red neuronal para pasar de la entrada de imágenes, cada una con matriz de 8x8, 64 píxeles, con valores de 0 a 255, a la salida a3 probabilidad de ser 1 o 0.

El primer cálculo nos lleva de X a a1, que se hace en la primera capa, que como tiene 25 unidades los parámetros serán de w1 a w25 y de b1 a b25.

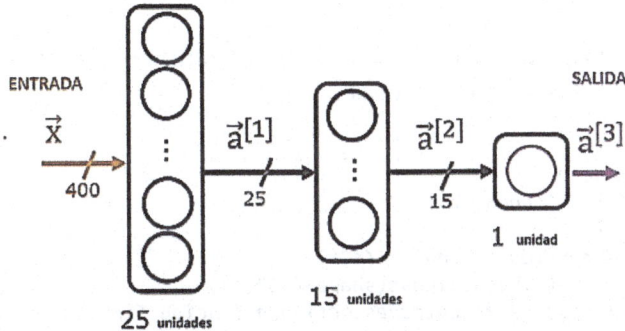

El siguiente paso es calcular a2, pasar de a1 a a2, que se lleva en la segunda capa, que como tiene 15 unidades, sus parámetros serán de w1 a w15 y de b1 a b15.

El paso final será calcular a3; lo hacemos de forma similar, solo que esta es la capa de salida por lo que a3 será un escalar.

Por último, se toma el subíndice a3 y le aplicamos un umbral para obtener una etiqueta de clasificación binaria: ¿es 1: si o no?

Para centrar las ideas, el modelo de red neuronal es capaz de resolver los modelos de aprendizaje automático en los que los datos de entrada, las características, son una cantidad enorme de números, a través de realizar aproximaciones por fases, que denominamos capas, y que posibilitan ir reduciendo las características de forma que podamos modelizarlas.

En este ejemplo, reconocimiento automático del dígito 0 o 1 escrito a mano, las características de cada número de 64 píxeles con valores de 255 a 0, en la primera fase, capa, identificamos los grandes cambios de densidad, los píxeles del dígito pasan de negro a blanco, con ello identificamos los trazos.

La segunda capa determina las características del trazo. El 1 tiene un trazo lineal, mientras el 0 es circular, hay trazo blanco entre dos trazos negros, con ello podemos, en el cumplimiento de una u otra característica, generar ya un valor capaz de interpretarse de manera logística: es o no es 1.

Como ya comentamos, para que el algoritmo funcione, es necesario que esté entrenado con múltiples iteraciones sobre muchas imágenes, en este caso mil, para que obtengamos un ajuste preciso. El proceso se realiza a través de la función descenso de gradiente y calculando la pérdida (loss) en cada interacción y buscando reducir esta al mínimo posible.

Veamos cómo lo hacemos de forma práctica:

El modelo del ejemplo se crea en Python y utiliza las librerías de TensorFlow y Keras que en código se representa así:

```
# Modelo
model = Sequential(
    [
# dimensión de cada x (400)
        tf.keras.Input(shape=(400,)),
# 1 capa de 25 unidades activada función Sigmoid
            Dense(units=25, activation='sigmoid'),
# 2 capa de 15 unidades activada función Sigmoid
        Dense(units=15, activation='sigmoid'),
# Capa de salida de 1 unidad y activada función Sigmoid
        Dense(units=1, activation='sigmoid')
    ], name = "my_sequential"
)
model.compile(
    loss=tf.keras.losses.BinaryCrossentropy(),
    optimizer=tf.keras.optimizers.Adam(0.001),
)
model.fit(
    X,y,
    epochs=20
)
```

Comprobamos lo sencillo que es crear el modelo de red neuronal con dichas librerías: definimos función modelo, a través de tf.keras. Input con la dimensión de X, y luego cada capa, utilizando Dense. En este modelo definiremos tres, la primera con 25 unidades, la segunda con 15 y la de salida con 1. Además, detallamos la función de activación, en este caso, Sigmoid. Luego al modelo creado le aplicamos model.compile, que utiliza las funciones loss y optimizer y finalmente model.fit con 20 iteraciones para generar el modelo.

Veamos los resultados:

```
Epoc1/20
32/3[==============]    - 1s    3ms/step    - loss:    0.6778
Epoc2/20
32/3[==============]    - 0s    5ms/step    - loss:    0.5504
Epoc3/20
32/3[==============]    - 0s    3ms/step    - loss:    0.4219
Epoc6/20
32/3[==============]    - 0s    4ms/step    - loss:    0.1692
Epoc8/20
32/3[==============]    - 0s    4ms/step    - loss:    0.1091
Epoc9/20
32/3[==============]    - 0s    6ms/step    - loss:    0.0918
Epoc   10/20
32/3[==============]    - 0s    6ms/step    - loss:    0.0786
Epoc11/20
32/3[==============]    - 0s    6ms/step    - loss:    0.0683
Epoc12/20
32/3[==============]    - 0s    6ms/step    - loss:    0.0603
Epoc13/20
32/3[==============]    - 0s    5ms/step    - loss:    0.0538
Epoc14/20
32/3[==============]    - 0s    5ms/step    - loss:    0.0484
Epoc15/20
32/3[==============]    - 0s    4ms/step    - loss:    0.0440
Epoc16/20
32/3[==============]    - 0s    4ms/step    - loss:    0.0403
Epoc17/20
32/3[==============]    - 0s    3ms/step    - loss:    0.0372
Epoc18/20
32/3[==============]    - 0s    4ms/step    - loss:    0.0345
Epoc19/20
32/3[==============]    - 0s    4ms/step    - loss:    0.0321
Epoch20/20
32/32[==============]   - 0s    4ms/step    - loss:    0.0301
```

Observamos que en la primera iteración el valor de loss (la función de pérdida, desviación entre el valor esperado y el real) que trata de resolver el modelo de forma automática a base de iteraciones (Epoch), haciéndose cada vez más pequeña, era de 0.67 para al final de las 20 iteraciones situarse en 0,03 y comprobamos que de forma continua ha ido mejorado su valor, lo que significa que el problema, la identificación se está resolviendo.

Naturalmente, si hacemos más o menos iteraciones el modelo tendrá mayor o menor error.

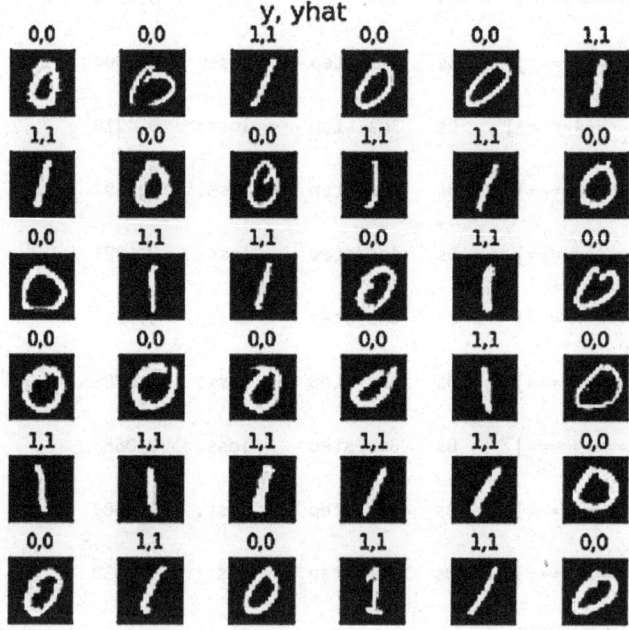

Una vez que el modelo ha aprendido, vamos a hacer pruebas. Para ello, utilizamos la base de datos con las 300 imágenes de prueba.

El modelo realizará las estimaciones calculando si la imagen de un dígito es 0 o 1. Como utilizamos la misma base de datos, ahora lo que hacemos es definir una nueva etiqueta yhat para la predicción del modelo, si la predicción da como resultado mayor o igual que 0,5 yhat será 1 en otro caso 0.

El resultado de la nueva selección aleatoria de 36 imágenes de nuestra base de datos de prueba en las que se obtiene la predicción se muestra así:

Observamos que encima de cada imagen del dígito esta su etiqueta, el dato de si es un 1 o 0, y a la derecha la yhat, o sea, la predicción que hace el modelo.

Comprobamos que, a pesar de la dificultad de algunas imágenes, el modelo neuronal acertó en toda la predicción y que coinciden con la etiqueta de la imagen.

Naturalmente, es probable que haya algún error, ya que la base de datos contiene de forma deliberada y, para mejorar el aprendizaje, figuras de difícil reconocimiento.

Vamos a buscar algún error y, se ha producido, veamos su imagen:

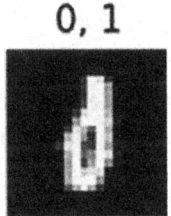

Concluido nuestro modelo de reconocimiento automático del dígito 0 o 1, con la generación de un modelo de red neuronal con una única salida, vamos a escalar el modelo para un reconocimiento multiclase, esto es, en vez de una salida 0 o 1 vamos a reconocer los 10 números del 0 al 9.

Utilizaremos, para generar el modelo, una base de datos conteniendo 5.000 ejemplos de números escritos a mano, cada número es una imagen de 20X20 píxeles en escala de grises.

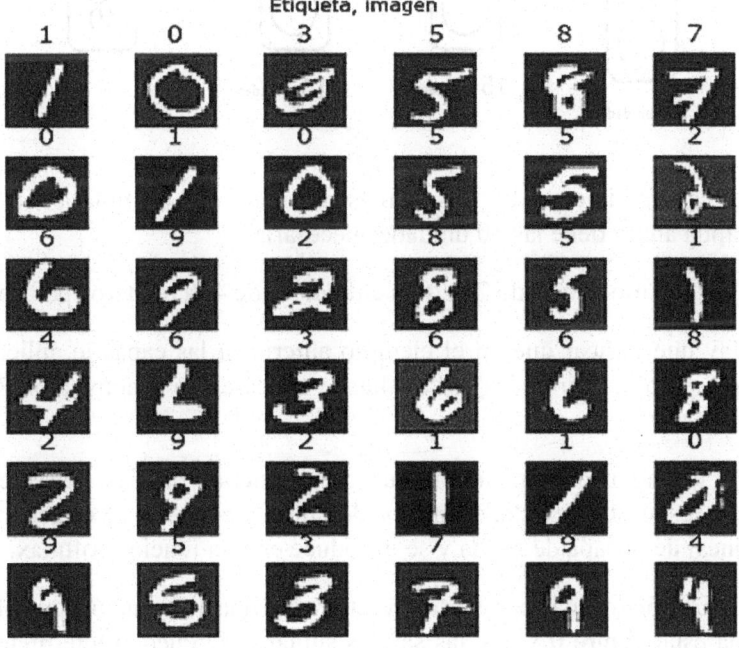

Cada píxel está representado por un número que representa su escala de grises. Esto nos da una matriz de 5.000x400, donde cada fila es un ejemplo de número escrito a mano.

La segunda parte de la base de datos de entrenamiento es un vector de 5.000x1 dimensión que contiene la etiqueta; y = 0 si la imagen se corresponde con el número 0, e y = 4 si la imagen se corresponde con el número 4.

Esta base de datos de números escritos a manos esta obtenida de internet (*https://yann.lecun.com/exdb/mnist/*)

El modelo que vamos a implantar es el siguiente:

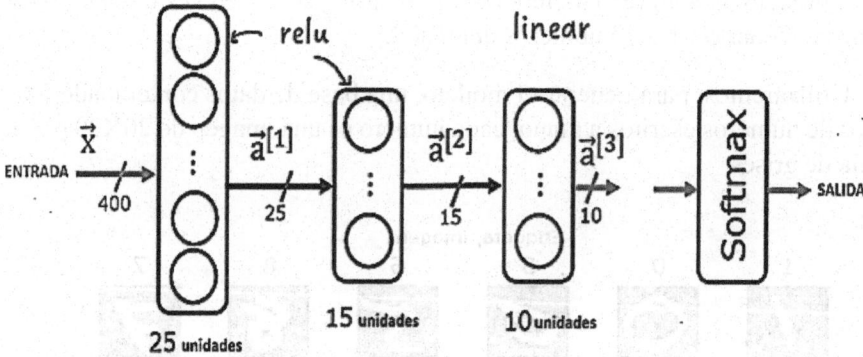

La capa de inicio y las dos ocultas son iguales al ejemplo anterior, pero la capa de salida ahora tiene las 10 unidades necesarias.

Como el modelo es de 20x20 la entrada es de 400 números por imagen.

Hay que indicar que en el ejemplo anterior a las capas le aplicábamos la activación Sigmoid, ahora a las dos ocultas le aplicaremos la activación Relu y a la de salida linear.

Por último, una red neuronal multiclase genera N salidas. Se selecciona una salida como respuesta prevista, en la capa de salida, y el vector **zz** es generado por la función lineal de la capa de salida y se introduce en una función softmax.

La función softmax convierte al vector **zz** en una distribución de probabilidad; cada salida estará entre 0 y 1 y las salidas sumarán 1. Pueden interpretarse como probabilidades. Se describe a continuación:

Softmax Output

$$z_1^{[3]} = \vec{w}_1^{[3]} \cdot \vec{a}^{[2]} + b_1^{[3]}$$

$$\vdots$$

$$z_N^{[3]} = \vec{w}_{10}^{[3]} \cdot \vec{a}^{[2]} + b_{10}^{[3]}$$

Softmax Function

$$a_1^{[3]} = \frac{e^{z_1^{[3]}}}{\left(e^{z_1^{[3]}} + \cdots + e^{z_N^{[3]}}\right)} = P(y = 1|\vec{x})$$

$$a_{10}^{[3]} = \frac{e^{z_{10}^{[3]}}}{\left(e^{z_1^{[3]}} + \cdots + e^{z_{10}^{[3]}}\right)} = P(y = 10|\vec{x})$$

La función Softmax la podemos escribir así:

$$a_j = \frac{e^{z_j}}{\sum_{k=0}^{N-1} e^{z_k}}$$

Vamos ahora a generar el modelo utilizando el código Python y las librerías ya vistas con anterioridad.

```python
import numpy as np
import tensorflow as tf
from tensorflow.keras.models import Sequential
from tensorflow.keras.layers import Dense
from tensorflow.keras.activations import linear, relu, sigmoid
%matplotlib widget
import matplotlib.pyplot as plt

import logging
logging.getLogger("tensorflow").setLevel(logging.ERROR)
tf.autograph.set_verbosity(0)

from public_tests import *

from autils import *
from lab_utils_softmax import plt_softmax
np.set_printoptions(precision=2)
plt_act_trio()
```

Observar que importamos las librerías y nuestras funciones auxiliares. El código final es para graficar las funciones de activación.

A efectos didácticos, vamos a pararnos a comparar las funciones de activación.

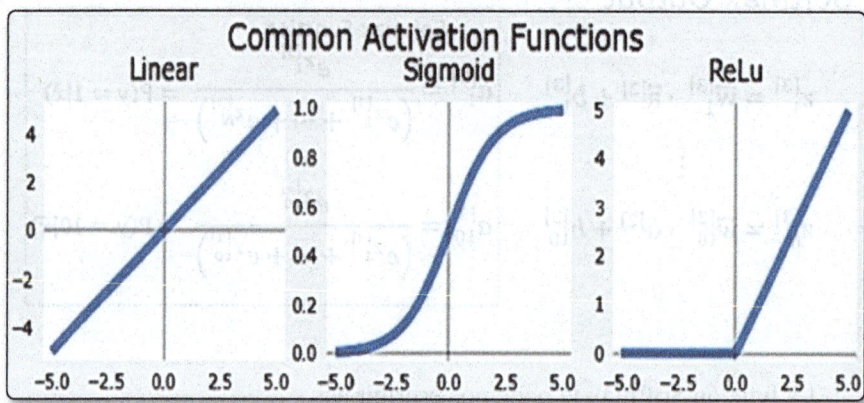

La función a la derecha muestra la función ReLu. La característica derivada no es binaria, sino que tiene un rango continuo de valores.

El sigmoide es mejor para situaciones binarias o de encendido/apagado. El ReLu proporciona una relación lineal continua.

Además, tiene un rango de "apagado" donde la salida es cero. La función "apagado" hace que ReLu sea una activación no lineal.

Esto permite que varias unidades contribuyan a la función resultante sin interferir. Veamos ahora la implementación de la función Softmax.

La base de datos es de 5.000 números y mostramos 36 de ellos, de forma aleatoria, con su etiqueta.

Vamos ahora a implantar el modelo:

```python
# Sequential model
tf.random.set_seed(1234)
model = Sequential(
    [
        tf.keras.Input(shape=(400)),
        Dense(units=25, activation='relu'),
        Dense(units=15, activation='relu'),
        Dense(units=10, activation='linear')
    ], name = "my_model"
)
```

Como observamos, nuestro modelo tiene dos capas ocultas de 25 y 15 unidades con activación ReLu y una capa de salida de 10 unidades de activación linear.

El aprendizaje se realiza, como en el ejemplo anterior, a través de las funciones model.compile y model.fit, que generan las interacciones que calculan los parámetros haciendo mínimo el coste; aquí lo denominamos loss.

En el código se incluye la función optimizers.Adam, con una ratio de aprendizaje de 0.001. Las etapas son 100 y guardamos la historia para el gráfico.

Vamos ahora a comprobar el modelo tomando una predicción: por ejemplo, la imagen X [1015].

Podemos comprobar que ha resultado ser la imagen de un 2. El modelo, como resultado de la predicción = [-5.12, 3.38, 15.03, -5.39, -18.18, -9.2, -4.91, 6.21, -9.23, -12.91], da como resultado yhat = 2.

Figure

```
1/1 [==============================] - 0s 47ms/step
 Predicción de 2:
[[ -5.12   3.38  15.03  -5.39 -18.18  -9.2   -4.91   6.21  -9.23 -12.91]]
 Resultado: 2
```

Por tanto, el modelo ha identificado correctamente el número escrito a mano. Como curiosidad, después del valor de probabilidad máximo que nos da la función Softmax, del 15.03 para el 2, nos da una probabilidad de 6.21 para el 7 y un 3.28 para el 1.

Vemos en la imagen que el número escrito a mano, efectivamente se podría identificar con 7 o 1.

Vemos ahora la predicción sobre las imágenes de los 36 números obtenidos de forma aleatoria, sobre las 5.000 imágenes utilizadas

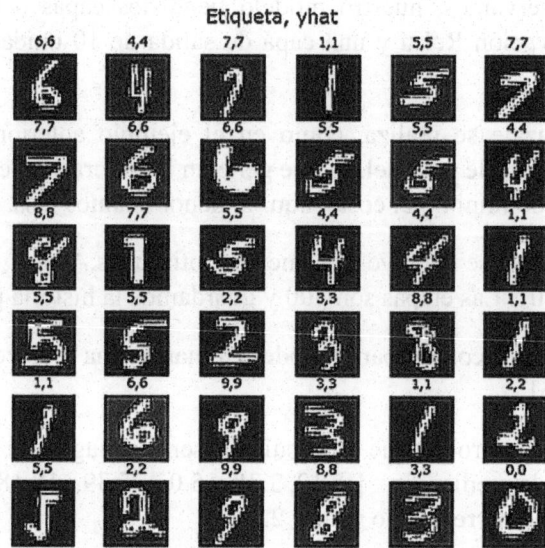

Encima de cada una de ellas está la etiqueta y, es decir, la identificación del número que representa la imagen. Al lado, la yhat, es decir, la predicción que realiza el modelo.

Observamos que todos los reconocimientos son correctos. Finalmente, vamos a buscar los errores en los 5.000 números utilizados para la predicción.

```
print( f"{display_errors(model,X,y)} Errores encontrados {len(X)} imágenes")
```

```
157/157 [==============================] - 0s 2ms/step
1/1 [==============================] - 0s 31ms/step
1/1 [==============================] - 0s 46ms/step
1/1 [==============================] - 0s 31ms/step
1/1 [==============================] - 0s 32ms/step
1/1 [==============================] - 0s 39ms/step
1/1 [==============================] - 0s 31ms/step
1/1 [==============================] - 0s 31ms/step
1/1 [==============================] - 0s 42ms/step
29 Errores encontrados 5000 imágenes
```

Figure

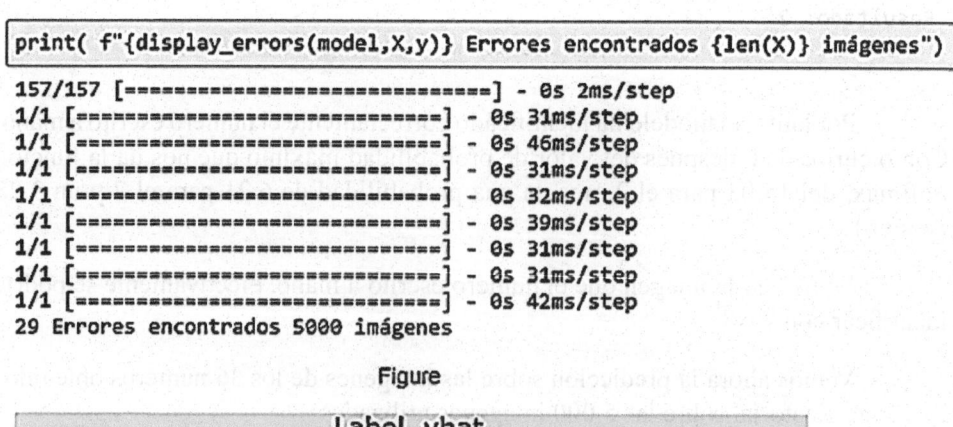

Comprobamos que en los 5.000 números hemos recibido 29 errores de reconocimiento, que significa un 99,42 % de aciertos. Lo que permite aseverar que nuestro modelo de aprendizaje automático resuelve bien el problema.

4.6 TENSORFLOW: CLASIFICACIÓN DE ROPA

TensorFlow es una biblioteca de código abierto para aprendizaje automático, desarrollado por Google para satisfacer sus necesidades de crear sistemas capaces de construir y entrenar redes neuronales para detectar y descifrar patrones y correlaciones, análogos al aprendizaje y razonamiento usados por los humanos.

En 2011 Google Brain, equipo de investigación de Google AI, construyó DistBelief como un sistema propietario de aprendizaje automático, basado en redes neuronales de aprendizaje profundo. Su uso creció rápidamente a través de diversas compañías de Alphabet, tanto en investigación como en aplicaciones comerciales.

Google decidió simplificar y reconstruir el código base de DistBelief en una biblioteca con un grado de aplicación más rápido y robusto, cuyo resultado es TensorFlow.

TensorFlow es el sistema de aprendizaje automático de segunda generación de Google Brain; se liberó como software de código abierto en 2015 que puede utilizarse en múltiples CPUs y GPUs (con extensiones opcionales de CUDA para informática de propósito general en unidades de procesamiento gráfico). TensorFlow está disponible para Windows, Linux, macOS y plataformas móviles que incluyen Android e IOS.

TensorFlow 2.0 se diseñó con el objetivo de facilitar la creación de redes neuronales para el aprendizaje automático; por ello, TensorFlow 2.0 usa una API llamada Keras.

Para continuar, vamos a utilizar otra de las aplicaciones incluidas para el aprendizaje de TensorFlow, en la que se entrena un modelo de red neuronal para clasificar imágenes de ropa, como zapatillas y camisas.

Este modelo de aprendizaje automático se puede ver con detalle en:

https://www.tensorflow.org/tutorials/keras/classification

Aquí, de forma didáctica, vamos a usarla para continuar nuestro aprendizaje sobre los modelos neuronales.

Para realizar el modelo, vamos a utilizar la base de datos Fashion MNIST que contiene 70.000 imágenes con escala de grises en 10 categorías, las imágenes se muestran en baja resolución de 28x28 píxeles.

Hay 60.000 imágenes usadas para entrenamiento y 10.000 usadas como evaluación o prueba.

Se puede acceder directamente a la base de datos a través de TensorFlow: fashion_mnist = tf. keras.datasets.fashion_mnist y devuelve 4 arrays: imágenes y etiquetas de entrenamiento – los datos que el modelo usa para aprender- y el modelo se prueba (test) contra el set-test que contiene las imágenes de evaluación y sus etiquetas.

Veamos una imagen de ellas:

Ahora vamos a construir el modelo de red neuronal que, como ya hicimos en los ejemplos anteriores, requiere configurar las capas del modelo y luego compilarlo.

El componente básico de una red neuronal es la capa. Las capas extraen representaciones de los datos que se le introducen. Para este modelo, la primera capa será Flatten que transforma el formato de las imágenes de una matriz bidimensional de 28x28 píxeles a una matriz unidimensional de 784 datos (28*28 = 784). Podemos imaginar el trabajo que hace, como si cada una de las 28 filas de la matriz se alineara en una sola fila con los 784 datos. Esta capa no aprende, solo formatea los datos.

El modelo continua con dos capas tf. keras.layers.Dense, se trata de capas neuronales densamente conectadas, la primera con 128 nodos y la segunda, de salida, con las 10 salidas de la clasificación.

Antes de que el modelo esté listo para el entrenamiento, se necesitan algunas configuraciones más que agregamos en la fase de compilación del modelo. Usamos el optimizador, que actualiza el modelo en función de los datos que ve y de la función loss (pérdida), que mide el error del modelo durante el entrenamiento y cuyo objeto es minimizar dicha función.

Para entrenar el algoritmo necesitamos que el modelo "se engulla de los datos" y que los procese (alimente = feed the model). El modelo empieza a aprender de forma automática al asociar las imágenes con sus etiquetas. En nuestro caso, le vamos a obligar a hacer 10 epochs (iteraciones).

```
Epoch 1/10
1875/1875 [===] - 15s 6ms/step - loss: 0.4914 - accuracy: 0.8259
Epoch 2/10
1875/1875 [===] - 10s 6ms/step - loss: 0.3750 - accuracy: 0.8651
Epoch 10/10
1875/1875 [===] - 11s 6ms/step - loss: 0.2412 - accuracy: 0.9096
```

Observamos que el modelo pasa de 0.4914 a 0.2412 en error y en ajuste del 0.8259 al 0.9096. Lo cual significa que el modelo ha aprendido convenientemente y que se ajusta muy bien.

Con el modelo entrenado, podemos hacer los ajustes con las predicciones sobre algunas imágenes. La predicción es una matriz de 10 números con las probabilidades de pertenecer a cada una de las 10 clases.

Por último, con el modelo ya entrenado y ajustado, haremos las predicciones: para ello cogeremos nuevas imágenes y veremos el resultado de la predicción, sin olvidarnos que, aunque esté ajustado, puede haber errores. El resultado lo vemos en la siguiente imagen:

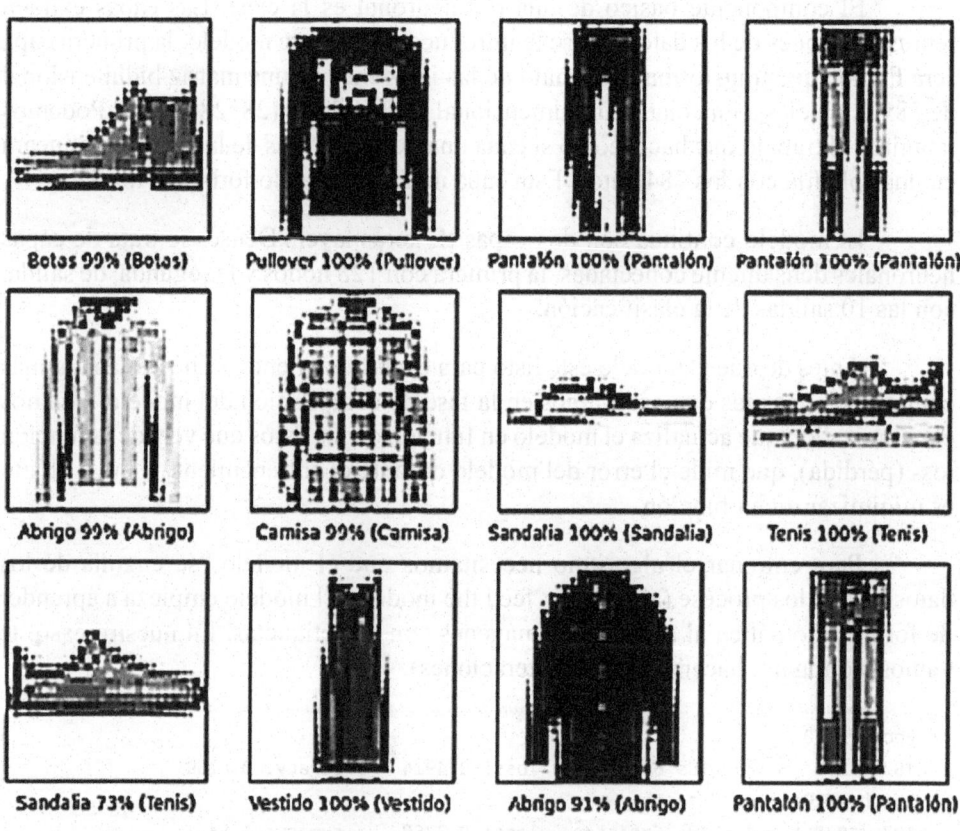

Podemos comprobar que el modelo es capaz de identificar/predecir correctamente 11 de las 12 imágenes, lo que representa un 92%.

Es cierto que las imágenes son de baja calidad, es parte necesaria del aprendizaje, el error predice unos Tenis cuando realmente son unas Sandalias.

4.7 CNN - TENSORFLOW – CLASIFICACIÓN DE IMÁGENES

https://www.tensorflow.org/tutorials/images/cnn

Vamos a utilizar como datos CIFAR10, que es una base de datos que contiene 60.000 imágenes de 32x32 píxeles clasificadas en 10 clases. Con 6.000 imágenes en cada clase. 12 imágenes aleatorias las vemos en la siguiente imagen.

Creamos el modelo con 5 capas: la de entrada de 32 con activación Relu, las tres interiores de 64 con activación Relu, y la de salida de 10 con optimizador Adams.

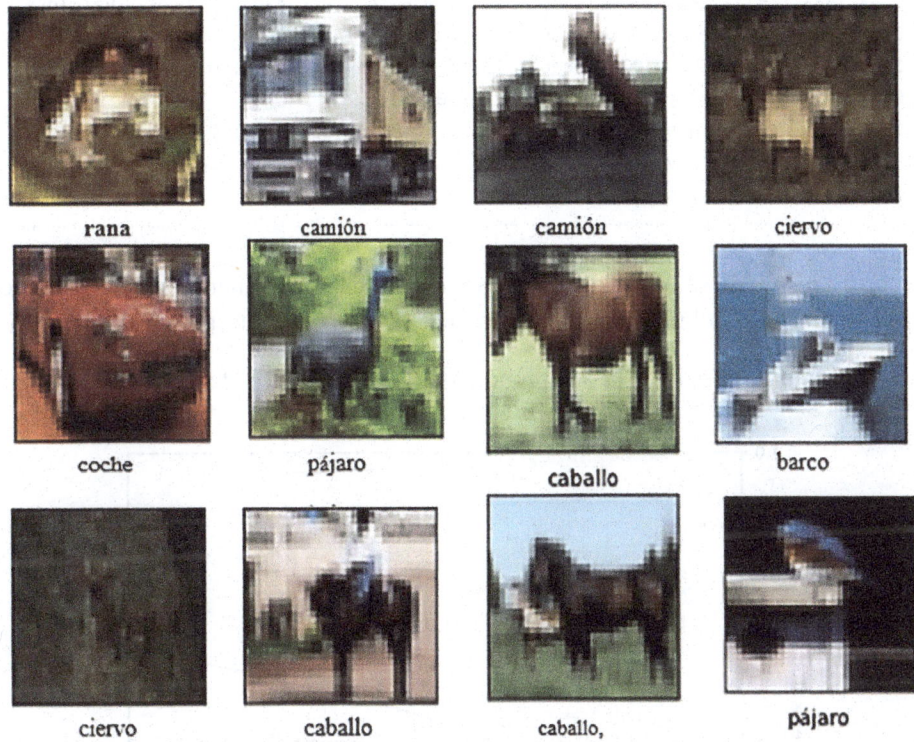

rana   camión   camión   ciervo

coche   pájaro   barco

                   caballo

ciervo   caballo   caballo,   pájaro

Luego se compila y ejecuta el aprendizaje.

A continuación, vemos las iteraciones y el gráfico:

```
Epoch 1/10
1563/1563 [==] - 244s 143ms/step - loss: 1.5066 - accuracy: 0.4529 - val_loss:
1.2462 - val_accuracy: 0.5532 Epoch 2/10
1563/1563 [==] - 165s 105ms/step - loss: 1.1385 - accuracy: 0.5963 - val_loss:
1.0768 - val_accuracy: 0.6200 Epoch 3/10
1563/1563 [==] - 162s 104ms/step - loss: 0.9840 - accuracy: 0.6550 - val_loss:
0.9690 - val_accuracy: 0.6614 Epoch 4/10
1563/1563 [==] - 162s 103ms/step - loss: 0.8916 - accuracy: 0.6880 - val_loss:
0.9279 - val_accuracy: 0.6742 Epoch 5/10
1563/1563 [==] - 161s 103ms/step - loss: 0.8151 - accuracy: 0.7144 - val_loss:
```

```
0.8892 - val_accuracy: 0.6912 Epoch 6/10
1563/1563 [==] - 163s 104ms/step - loss: 0.7555 - accuracy: 0.7362 - val_loss:
0.8612 - val_accuracy: 0.7006 Epoch 7/10
1563/1563 [==] - 160s 103ms/step - loss: 0.7054 - accuracy: 0.7508 - val_loss:
0.8589 - val_accuracy: 0.7035 Epoch 8/10
1563/1563 [==] - 162s 103ms/step - loss: 0.6614 - accuracy: 0.7670 - val_loss:
0.8780 - val_accuracy: 0.7055 Epoch 9/10
1563/1563 [==] - 160s 102ms/step - loss: 0.6160 - accuracy: 0.7813 - val_loss:
0.8728 - val_accuracy: 0.7024 Epoch 10/10
1563/1563 [==] - 161s 103ms/step - loss: 0.5806 - accuracy: 0.7959 - val_loss:
0.8734 - val_accuracy: 0.7102 313/313 - 10s - loss: 0.8734 - accuracy: 0.7102 -
10s/epoch - 32ms/step
```

El resultado se visualiza en el gráfico de la página siguiente, donde vemos en un eje la exactitud del modelo, en el otro eje el número de entrenamientos.

La curva en azul es la de aprendizaje y, en naranja, la de validación.

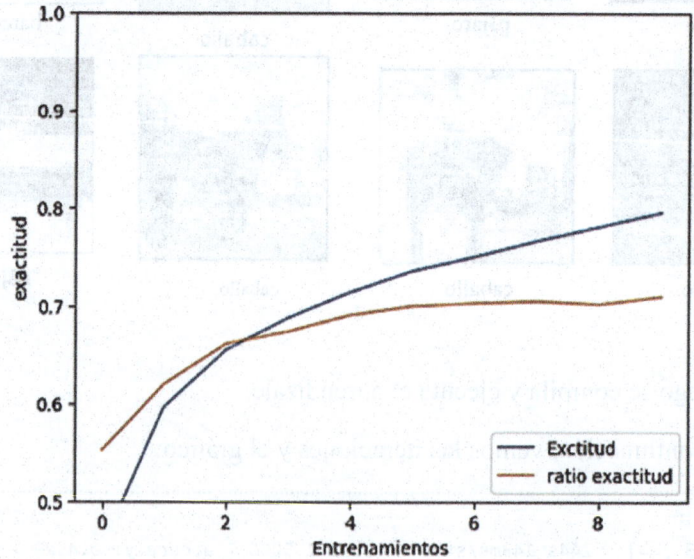

Vemos como el modelo aprende bien, finalizando las iteraciones con una pérdida de 0,8734 y una exactitud de 0,7102.

Ahora el modelo entrenado vamos a usarlo para hacer un aprendizaje por transferencia y clasificar imágenes de perros y gatos. Para ello, vamos a utilizar la base de datos almacenada en Google:

https://storage.googleapis.com/mledu-datasets/cats_and_dogs_filtered.zip

La base de datos contiene 1.000 imágenes etiquetadas en dos clases, vemos tres de ellas de forma aleatoria:

Gato

Perro

Perro

Ahora, en vez de crear nosotros el modelo, como hicimos anteriormente, vamos directamente a importar el modelo desarrollado por Google MobileNet V2. Este modelo ha sido preentrenado con una base de datos de imágenes de más de 1,4 millones y 1.000 clases, veremos cómo nos ayuda para clasificar los gatos y perros de nuestra base de imágenes.

```
# Create the base model from the pre-trained model MobileNet V2
IMG_SHAPE = IMG_SIZE + (3,)
base_model = tf.keras.applications.MobileNetV2(input_shape=IMG_SHAPE,
                                               include_top=False,
                                               weights='imagenet')
```

Compilamos el modelo para el inicio del aprendizaje, que nos da estos resultados:

```
Epoch 1/10
63/63 [===] - 147s 2s/step - loss: 0.7138 - accuracy: 0.5890 - val_loss: 0.5474
- val_accuracy: 0.7426 Epoch 2/10
63/63 [===] - 145s 2s/step - loss: 0.5380 - accuracy: 0.7320 - val_loss: 0.3986
- val_accuracy: 0.8589 Epoch 3/10
63/63 [===] - 140s 2s/step - loss: 0.3666 - accuracy: 0.8530 - val_loss: 0.2518
- val_accuracy: 0.9369 Epoch 5/10
63/63 [===] - 195s 3s/step - loss: 0.3160 - accuracy: 0.8700 - val_loss: 0.2221
- val_accuracy: 0.9468 Epoch 6/10
63/63 [===] - 151s 2s/step - loss: 0.2807 - accuracy: 0.8925 - val_loss: 0.1923
```

```
- val_accuracy: 0.9530 Epoch 7/10
63/63 [===] - 161s 3s/step - loss: 0.2629 - accuracy: 0.9010 - val_loss: 0.1761
- val_accuracy: 0.9542 Epoch 8/10
63/63 [===] - 138s 2s/step - loss: 0.2463 - accuracy: 0.9090 - val_loss: 0.1545
- val_accuracy: 0.9592 Epoch 9/10
63/63 [===] - 147s 2s/step - loss: 0.2213 - accuracy: 0.9155 - val_loss: 0.1411
- val_accuracy: 0.9641 Epoch 10/10
63/63 [===] - 146s 2s/step - loss: 0.2001 - accuracy: 0.9310 - val_loss: 0.1321
- val_accuracy: 0.9653
```

Vemos que el modelo ha aprendido de forma eficaz, pasando la pérdida de 0.71 a 0.2 y la exactitud de 0.58 a 0.93 en el modelo de aprendizaje, y la pérdida de 0.54 a 0.13 y la exactitud de 0.74 a 0.96 en el modelo de validación.

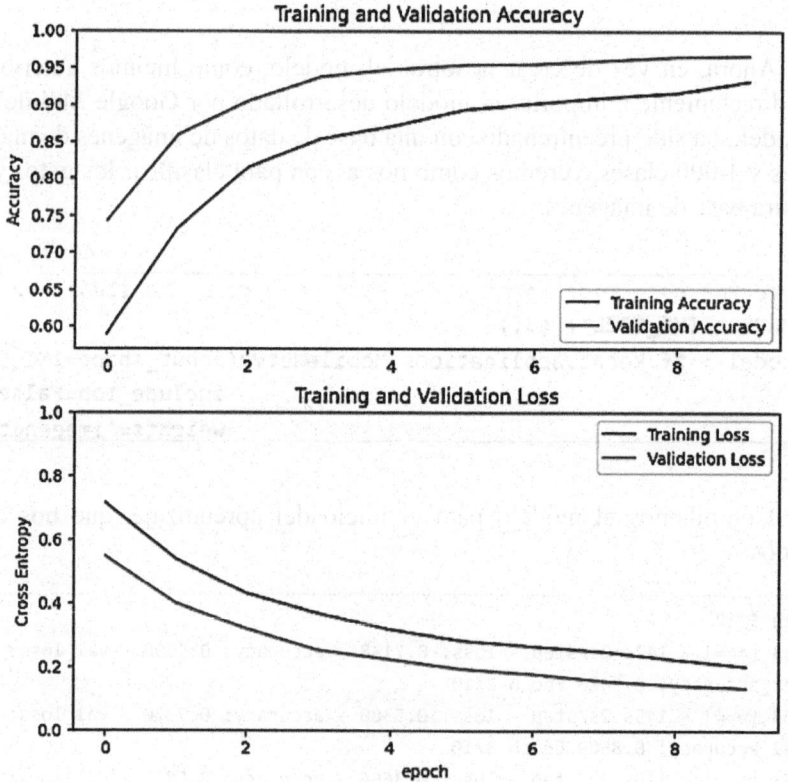

Ahora vemos el resultado de la predicción con 6 imágenes aleatorias:

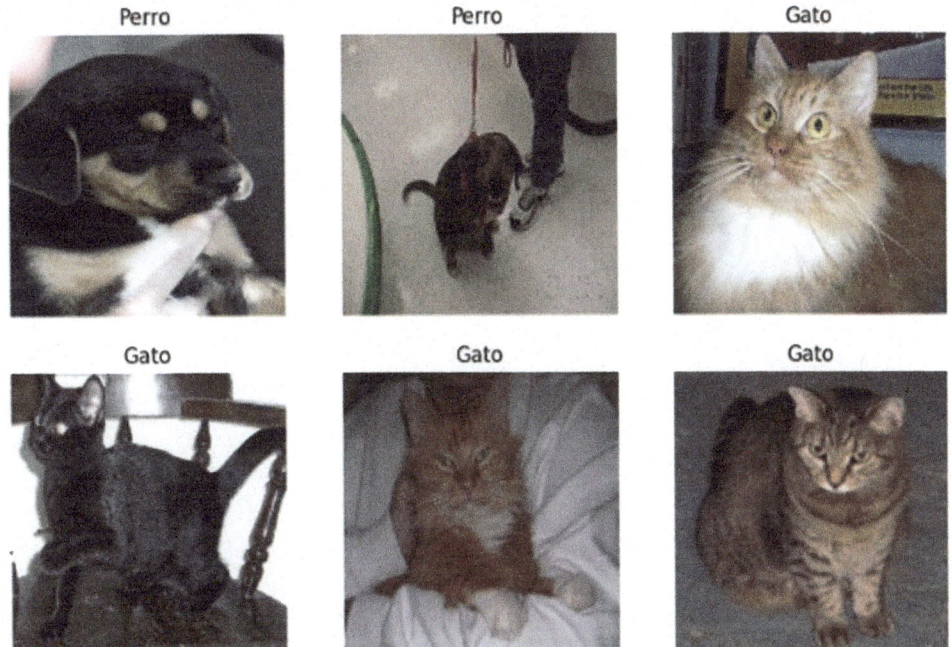

## 5

MIRADA DE INTELIGENCIA ARTIFICIAL A LAS IMÁGENES

Figura 5.2. Imagen obtenida por Inteligencia Artificial (img2go.com)

Hemos visto lo que es y para qué nos sirve la Inteligencia Artificial. Incluso hemos profundizado y visto algunos de los algoritmos, cómo funcionan y sus resultados.

Ahora, en este capítulo, vamos a centrar nuestra mirada en las imágenes. Cómo la Inteligencia Artificial nos puede ayudar en el tratamiento de las imágenes, en su producción y modificación e, incluso, en su creación.

Lo primero que hay que decir, es que el uso de la Inteligencia Artificial ya está totalmente implantando y desarrollado con muchísimo éxito para el tratamiento y uso de las imágenes.

Para empezar, repasaré alguna utilización que tiene que ver con las imágenes, pero más alejadas de nuestra necesidad como pintores, para irnos acercando a nuestro uso.

Añadir, que el principal desarrollo de las Redes Neuronales Convolucionales se debe, precisamente, a su espectacular resultado en el tratamiento de imágenes.

Como hemos visto, las imágenes aún pequeñas, por ejemplo, de 64x64 píxeles, son matrices de 4.096 elementos que si los unimos al número enorme de imágenes que tenemos que utilizar para entrenar el modelo (hemos visto bases de datos de 6.000 imágenes), hablamos de 24.576.000 elementos. Imagínate los elementos que darían las 1.4 millones de imágenes que utiliza el modelo preentrenado de TensorFlow y que usamos para la clasificación perro o gato. Este volumen es imposible de manejar en otro tipo de algoritmo. La estrategia de ir creando capas en la que una busca bordes, otra busca gestos, etc., hizo posible resolver este problema.

Veamos en que utilizamos la I.A. en el mundo de las imágenes.

Hoy día, está totalmente implantado el uso de la Inteligencia Artificial en el tratamiento de imágenes clínicas, por ejemplo, en la investigación de tumores.

También, está totalmente implantado y con éxito en la detención de movimiento, a través de los algoritmos de detención de anomalías, para el uso como seguridad, saltar alarmas e incluso para el encendido de los portales, aperturas de garajes, para control de semáforos por el movimiento de los automóviles, etc.

La utilizamos, como vimos en los ejemplos anteriores, para el reconocimiento de los dígitos, también letras, leer documentos, reconocimiento de texto en imágenes (OCR), etc.

Como hicimos en la clasificación perro-gato, se utiliza con total éxito en el reconocimiento de plantas, animales, personas, caras, etc. Lo vemos en muchas aplicaciones, incluso de móviles.

En muchos países, más de los que nos imaginamos, para el reconocimiento de personas concretas, reconocimiento de sus caras, figuras, etc., por medio de cámaras en las entradas a los países, e incluso en la calle.

Ahora mismo, en el mundo, estamos utilizando la Inteligencia Artificial, con un enorme éxito, abrumador éxito, para cientos, quizás miles, de aplicaciones.

Pero, volviendo la mirada a nuestro trabajo: ¿los profesionales de la imagen estamos utilizando la Inteligencia Artificial con tanto éxito?

La respuesta es contundente: SI.

Nadie en el mundo de la imagen es ajeno a la Inteligencia Artificial. La usamos sin darnos casi cuenta de su existencia, desde lo más inocente: hoy todos los programas de tratamiento de imágenes, incluso de texto, están aplicando la Inteligencia Artificial para la mejora de una fotografía, una imagen; Photo, Photoshop, aplicando filtros automáticos de mejora de la calidad de la imagen, del contraste, del cambio de color.

Pero no solo las aplicaciones especializadas en imagen: cualquier teléfono móvil ya tiene aplicaciones para mejorar las fotos del usuario, incluso aplicaciones que, en principio, no pensábamos en ellas para el tratamiento de imagen, como Word. Yo mismo, en este libro, estoy tratando las imágenes en Formato de Imagen para propuestas de correcciones automáticas.

Además, de estas aplicaciones comerciales, los programas y librerías creadas para el desarrollo del Machine Learning, llevan incorporadas funciones sencillas para el tratamiento de imágenes.

Por ejemplo, la siguiente imagen original, está tratada por mí a través de un código sencillo para obtener una imagen más contrastada y otra imagen como de dibujo a lápiz:

Usamos la Inteligencia Artificial dando un paso adelante, no solo podemos mejorar imágenes, sino que, a través de la Inteligencia Artificial, podemos modificarlas, dándoles casi vida.

Podemos utilizar una imagen y darle movimiento creando una película. Podemos intercambiar las caras de dos personas de una fotografía.

Vemos cantidad de imágenes fake en los medios, vemos anuncios que se regocijan en el uso de la Inteligencia Artificial, para darnos un espectáculo de vibración, de movimientos, etc.

Somos capaces de envejecer o rejuvenecer la imagen de una persona, etc.

Aplicándolo a nuestro trabajo, somos capaces de quitar el ruido y los defectos de una imagen como vemos a continuación:

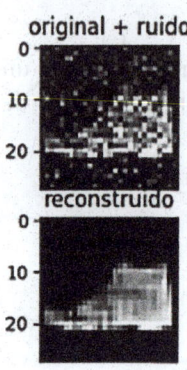 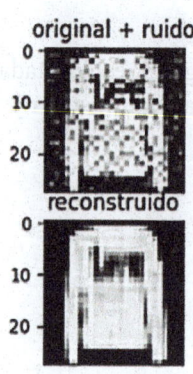 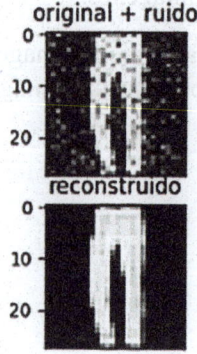 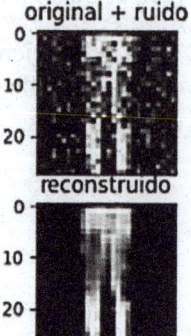

Naturalmente también podemos colorear una imagen antigua, como vemos con el ejemplo de esta foto familiar.

También podemos modificarlas, por ejemplo, simplificando el número de colores a solo ocho, con lo que obtenemos una imagen de apariencia de pintura o de mancha

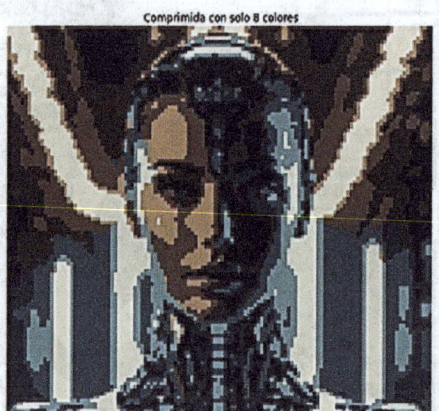

Además de modificar y tratar las imágenes, también podemos crear imágenes para nuestro uso en la vida diaria.

Muchas de ellas se realizan a través de un prompt, estoy hablando de DALL-E, creado por OpenAI de la esfera de Microsoft, permitiendo a los usuarios crear imágenes visuales impactantes y detalladas a partir de descripciones escritas, o img2go que es el que utilizo yo y, como podéis comprobar, con ella he creado muchas de las imágenes de este libro.

Estas imágenes que se crean pueden hacerse definiendo lo que se quiera obtener. Yo pedí una imagen alegórica para definir la Inteligencia Artificial y obtuve la que he repetido en muchos sitios, la de la cara de una mujer en un cuerpo robotizado, que está también al principio de esta página.

O totalmente natural, la que abre el capítulo de una mirada con unos ojos espectaculares, o las de capítulos como este, que interpreta un cuadro famoso.

Como resumen y muestra de esta capacidad, en la página siguiente añado algunas de las imágenes utilizadas de img2go para que observéis la variedad.

Algunas son realistas, naturalistas, otras son alegóricas e interpretativas, como por ejemplo el cuadro de Guernica con el que se inicia el capítulo, incluso mitológicas. También las hay que parecen dibujos o pinturas:

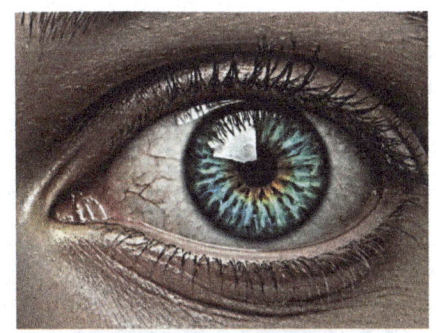

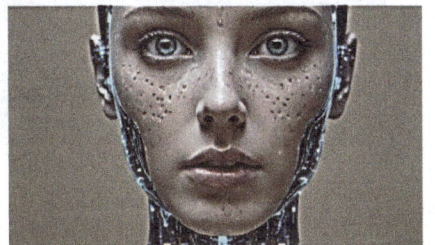

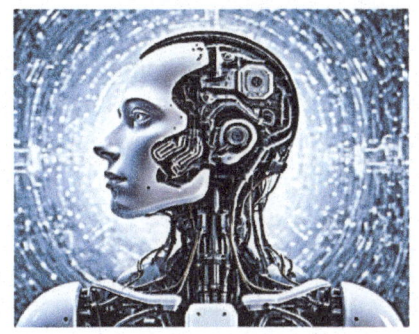

Con la mirada puesta en el oficio podemos, con la Inteligencia Artificial, convertir nuestras fotografías aplicándoles un estilo determinado, incluso el nuestro, en unas imágenes originales. Veámoslo con un ejemplo visual:

En el próximo capítulo volveremos nuestra mirada profunda a la Inteligencia Artificial. Cómo puede ayudarnos a crear, con nuestro estilo.

## 6

MI MIRADA CON LA I. A.
TRATAMIENTO DE IMÁGENES

En este capítulo usaremos la Inteligencia Artificial, una Red Neuronal Convolucional, para crear nuevas imágenes.

El proceso recuerda lejanamente al que realiza un pintor para crear sus cuadros:

El cerebro del pintor percibe la realidad a través del reflejo de la luz en ella y de la interpretación que su cerebro da a los impulsos recibidos a través de la vista.

Con esa idea, el pintor transforma la realidad e interpreta el mundo a su estilo, con su sensibilidad. Como reacción a las formas que ve, a la luz que percibe genera su idea, una imagen mental.

Finalmente, con su habilidad y técnica pictórica, representa esa idea, esa imagen mental, en una imagen física contenida en los pigmentos de colores, que queda impresa en el papel o tela donde realiza su pintura.

De una forma que recuerda vagamente este mismo proceso, nuestro ordenador percibe una imagen fotográfica como una matriz de píxeles que identifican en cada uno de ellos un color, es la imagen original, una fotografía de la realidad. La Inteligencia Artificial, en una segunda fase, es capaz de interpretar y modificar esta matriz de píxeles, reinterpretándolos con un estilo y características que ha generado, a través de un proceso iterativo, sobre muchas imágenes, que comparan realidad con dibujo o pintura. Al final, el ordenador es capaz de generar una nueva imagen obtenida aplicando ese código de estilo a la imagen original.

En nuestro caso, yo he utilizado la imagen original que encabeza este capítulo.

Además, he utilizado en mi ordenador un programa en Python de Machine Learning que, en un primer momento, carga en su CPU la imagen fotográfica y la prepara para el proceso de creación.

En un segundo script se carga el código con un módulo de TensorFlow Hub. En nuestro caso el módulo es Arbitrary Image Stylization, lo veremos con detalle y en el anexo hay una explicación mayor, que se aplica a las variables de estilo cargadas, las imágenes de cuadros pintados o dibujados.

Con ello, se genera la transferencia de estilo y produce unas nuevas imágenes creadas aplicando al contenido original, la fotografía original, un traspaso de los rasgos y características de las pinturas utilizadas como estilos. Veamos los resultados:

Las imágenes de arriba son los estilos. El modelo de Red Neuronal con el algoritmo indicado generó las imágenes de abajo, aplicando los rasgos y características de los diferentes estilos a la imagen original. Estas imágenes son nuevas. Son creaciones del ordenador.

Imagen Final: 1

Imagen Final: 2

Imagen Final: 3

Imagen Final: 4

Imagen Final: 5

Imagen Final: 6

En una tercera fase, volvemos aplicar algoritmos para la transformación de estas imágenes creadas. En este ejemplo usamos la primera de la izquierda para estilizar y transformar las imágenes:

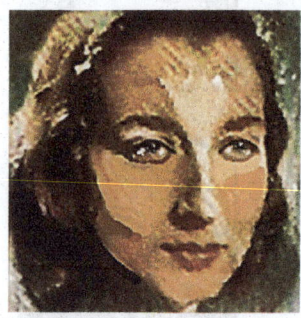

En este caso no hemos modificado el estilo, sino que hemos modificado características de la imagen, para suavizar y simplificar, dando el aspecto de una verdadera acuarela.

También, podemos transformar la imagen con el código, afectando al color y a los bordes, dando como resultado imágenes que parecen dibujos a tinta o a lápiz.

Por tanto, vemos la capacidad de la Inteligencia Artificial de crear nuevas imágenes a partir de una fotografía original, transformándola, según un estilo y características buscado, para crear nuevas imágenes con la apariencia de pinturas a la acuarela o dibujos de tinta o lápiz.

El ejemplo anterior lo realizamos con una fotografía personal, dando lugar al retrato o pintura a la acuarela de dicha persona, o a su esbozo o dibujo.

Naturalmente, también podemos aplicarlo a un paisaje, a la fotografía de un espacio, de una vista, como vemos ahora.

He utilizado para este ejemplo, una fotografía de la vista de un paisaje de la ría de Ferrol y la de una fotografía que tomé de un campo siendo recolectado por un agricultor.

Los estilos que utilizo son las fotografías de un cuadro de un paisaje de mi tío Antonio Tenreiro, de un cuadro con una vista mía y de un cuadro de mi primo Jaime D. Tenreiro.

Aplicando el anterior algoritmo de la red neuronal, que usamos para los retratos obtenemos las siguientes imágenes:

Vemos como, efectivamente, se pueden reconocer en cada nueva imagen el estilo que la generó.

También, podemos comprobar cómo la Inteligencia Artificial, más concretamente este algoritmo, genera imágenes raras, inserta rarezas como árboles que parecen tener piernas. Pero en general, el resultado es bueno. En todo caso, como ya veremos en los ejemplos, los podemos eliminar con técnicas tradicionales.

Naturalmente se podría mejorar, pero son imágenes nuevas, creadas por Inteligencia Artificial y sugerentes, capaces de transmitir algo.

Veamos para finalizar este capítulo, algunas imágenes creadas por la Red Neuronal, en base a fotografías mías, pero a un tamaño que podamos fijarnos más en los detalles y podamos comprobar el buen resultado del trabajo. Primero paisajes, al final retratos:

6.1 PAISAJES CREADOS CON INTELIGENCIA ARTIFICIAL

6.2 RETRATOS CREADOS CON INTELIGENCIA ARTIFICIAL

En los siguientes apartados incluyo una explicación de los códigos que he utilizado para realizar el tratamiento de las imágenes que hemos visto. Dichos códigos están a disposición del lector/a en el repositorio:

https://github.com/rtenreiro/IAmPintor

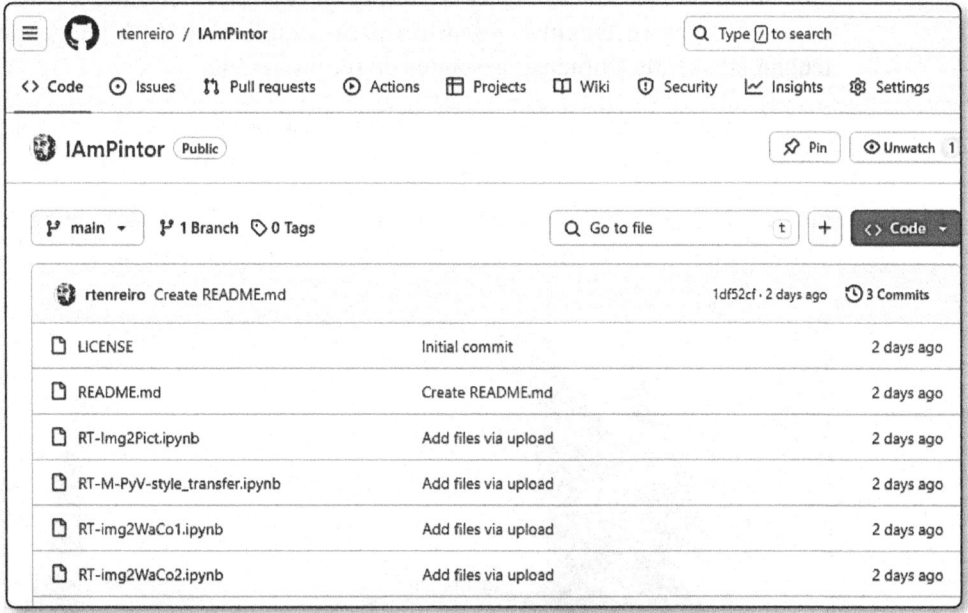

El código está escrito en Python y se presenta en Jupither Notebook. Se puede ejecutar, bajarlo y modificarlo.

Ahora veamos la explicación con detalle de los tres principales códigos, el primero realiza una transformación de la imagen a través de una transferencia de estilo sencilla, el segundo modifica las características de la imagen sin afectar al estilo. Y por último, una transferencia de estilo compleja que además logra muy buenos resultados.

Veámoslos:

6.3 MÓDULO IMAGEN FOTOGRÁFICA INTERPRETADA O DIBUJADA (PASO 1)

El código realiza varias funciones relacionadas con la carga y preparación de imágenes, así como la visualización de estas.

Importamos las bibliotecas necesarias para el procesamiento de imágenes, incluyendo TensorFlow y TensorFlow Hub para cargar y procesar modelos preentrenados, y Matplotlib para visualización de imágenes.

Definición de funciones para cargar y visualizar imágenes:

- ▸ crop(image): esta función recorta la imagen cuadrada centrada a partir de una imagen rectangular. Se utiliza para garantizar que las imágenes tengan las mismas dimensiones antes de ser procesadas.

- ▸ load_image(source): esta función carga y preprocesa la imagen, la convierte en un tensor de tipo float32, la redimensiona y la normaliza.

- ▸ image_plot(images,title,grid): utiliza esta función para mostrar la imagen de contenido y las imágenes de estilo con sus respectivos títulos.

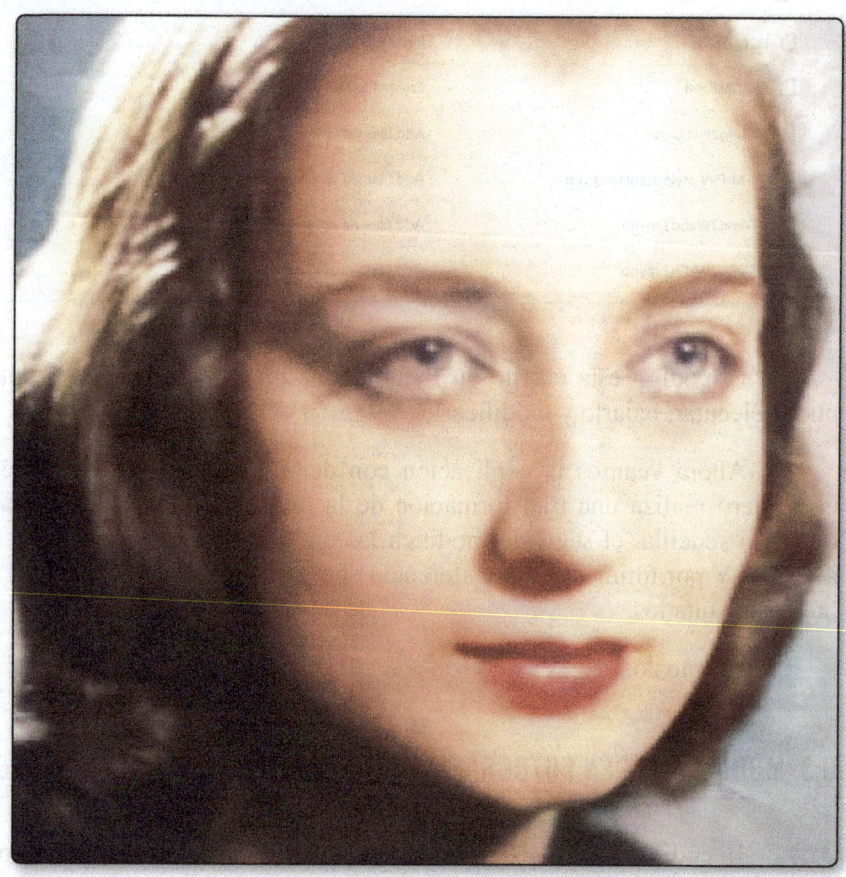

```
path_c='E://NEURONAL//EBOOK//EBOOK//IMAGENES//HITA.jpg'
```

Variable que contiene la carpeta y nombre de la imagen a modificar,

```
content=load_image() #Carga la imagen aplicando la función descrita.
```

i_style=load_image(i). A través de un bucle y la función load_image, carga las imágenes que van a servir para la transferencia de estilo. En este caso utilice una pintura mía, la primera, otra de mi tío, otra de mi primo y 3 imágenes obtenidas de img2go.

Imágenes de Estilo

TensorFlow es una biblioteca de código abierto desarrollada por Google Brain Team para realizar cálculos numéricos eficientes y crear modelos de aprendizaje automático, especialmente redes neuronales. Se utiliza ampliamente en investigación y producción para una variedad de tareas de aprendizaje automático y procesamiento de datos, como clasificación de imágenes, procesamiento de lenguaje natural, y más.

Proporciona una interfaz de programación flexible y extensible que permite a los desarrolladores crear y entrenar modelos de aprendizaje automático de manera eficiente. Ofrece características como gráficos computacionales para definir y ejecutar operaciones matemáticas, optimizadores para entrenar modelos, y una variedad de herramientas y bibliotecas adicionales para simplificar el desarrollo de modelos de aprendizaje automático.

TensorFlow se utiliza en una amplia gama de aplicaciones, desde investigación en Inteligencia Artificial hasta desarrollo de productos comerciales. Es especialmente popular en la comunidad de aprendizaje automático debido a su flexibilidad, escalabilidad y soporte para una variedad de dispositivos y plataformas, incluyendo CPUs, GPUs y TPUs.

TensorFlow Hub es una biblioteca desarrollada por Google que proporciona una plataforma para compartir, descubrir y reutilizar módulos preentrenados de aprendizaje profundo. Estos módulos, también conocidos como "módulos de TensorFlow Hub", son modelos de aprendizaje automático preentrenados y componentes reutilizables que pueden utilizarse para tareas específicas de procesamiento de datos, como la clasificación de imágenes, la extracción de características y la transferencia de estilo.

TensorFlow Hub simplifica el proceso de integración de modelos preentrenados en aplicaciones de aprendizaje automático al proporcionar una interfaz unificada y fácil de usar para buscar y descargar módulos, así como para utilizarlos en código. Los módulos de TensorFlow Hub son compatibles con TensorFlow y se pueden cargar y utilizar directamente en modelos personalizados.

Usamos el siguiente código para utilizar el módulo de transferencia:

```
#Carga desde kaggle el modelo de GOOGLE Variación 256 versión 2
_="https://www.kaggle.com/models/google/arbitrary-image-stylization-v1/fra-
meworks/TensorFlow1/variations/256/versions/2"
style_transfer_model=hub.load(_)
# Transferencia de Estilos
stylized_images = []
for i, style_image in enumerate(style_url):
    style_image = load_image(style_image)
    stylized_image = style_transfer_model(content, style_image)
    stylized_images.append(stylized_image[0])
```

url_m: esta variable contiene la URL del módulo de TensorFlow Hub que se va a cargar. En este caso, el módulo es "Arbitrary Image Stylization" de Magenta, que permite estilizar imágenes con un estilo dado.

style_transfer_model: esta variable carga en la memoria el módulo del modelo, utilizando la función hub.load(). Este módulo contiene el modelo preentrenado necesario para realizar la transferencia de estilo.

En resumen, este paso del código carga un módulo preentrenado de TensorFlow Hub que se utiliza para estilizar una imagen de contenido con las imágenes de estilo específicas. Este proceso es bastante rápido, especialmente cuando se ejecuta en una GPU, y proporciona una manera eficiente de aplicar efectos de estilo a las imágenes.

Las imágenes de arriba son el resultado de transferir a la imagen contenido los estilos de las imágenes de estilo, en este caso a través del algoritmo de TensorFlow Hub. Comprobamos como efectivamente cada una de las imágenes finales representan las caras de la retratada con el estilo adecuado.

Vemos que el resultado es bueno, pero que las imágenes contienen también ruido, cosas raras, trazos, ojos, etc. Para eliminar todo ello vamos a realizar un segundo proceso. Para ello elegimos la imagen de arriba a la izquierda.

6.4 MÓDULO IMAGEN FOTOGRÁFICA A INTERPRETADA O DIBUJADA (PASO 2)

En este segundo paso, tomamos la imagen obtenida en el paso anterior y, a través de un proceso manual, eliminamos alguno de los ojos y cosas raras de la imagen.

Image

Vamos a utilizar las siguientes bibliotecas:

▶ **OpenCV (cv2):** desarrollado originalmente por Intel en 1999 y desde entonces mantenido por una comunidad activa de desarrolladores de código abierto, OpenCV es una de las bibliotecas más utilizadas en el campo de la visión por computadora y el procesamiento de imágenes. En este código, se utiliza para cargar la imagen desde el disco.

▶ **NumPy (np):** creado por Travis Oliphant en 2005 como parte del proyecto SciPy, NumPy es esencial en el ecosistema de Python para computación científica y análisis de datos. En este código, se utiliza para manipular y procesar la imagen cargada, ofreciendo herramientas eficientes para trabajar con matrices y arreglos multidimensionales.

▸ **Matplotlib (plt):** originalmente creado por John D. Hunter en 2003 como parte de su tesis doctoral y mantenido por un equipo de desarrolladores de código abierto, Matplotlib es una de las bibliotecas más populares para visualización de datos en Python. En este contexto, se utiliza para mostrar la imagen cargada en una ventana gráfica.

La función cv2.imread('TF//Photos//output//1imag_0.png') carga la imagen desde la ruta especificada en el disco.

Ahora utilizamos el siguiente código:

```
# Tratamiento imagen, escalado, filtrado de la imagen
image_resized = cv2.resize(image,None, fx=1, fy=1)
image_cleared = cv2.medianBlur(image_resized,5)
image_cleared = cv2.medianBlur(image_cleared,5)
image_cleared = cv2.medianBlur(image_cleared,5)
image_cleared = cv2.edgePreservingFilter(image_cleared, sigma_s=10)


image_filtered = cv2.bilateralFilter(image_cleared, 5, 10, 5)


for i in range(2):
    image_filtered = cv2.bilateralFilter(image_filtered, 5, 20, 10)


for i in range(3):
    image_filtered = cv2.bilateralFilter(image_filtered, 10, 30, 10)


gaussian_mask= cv2.GaussianBlur(image_filtered, (7,7), 2)
image_sharp = cv2.addWeighted(image_filtered, 1.5, gaussian_mask, -0.5, 0)
image_sharp = cv2.addWeighted(image_sharp, 1.4, gaussian_mask, -0.2, 10)
```

Redimensionamiento (cv2.resize): esta función cambia el tamaño de la imagen. Los parámetros fx y fy son factores de escala para la anchura y la altura respectivamente. Al especificar None como el segundo argumento, se calcula automáticamente el tamaño de la imagen de salida basado en los factores de escala proporcionados. En este caso, la imagen se reduce a la mitad de su tamaño original.

Filtrado de mediana (cv2.medianBlur): esta función aplica un filtro de mediana para eliminar el ruido de la imagen. El segundo parámetro especifica el tamaño de la ventana del filtro, que debe ser un número impar. Un valor mayor suaviza más la imagen, eliminando más ruido.

Filtro de preservación de bordes (cv2.edgePreservingFilter): este filtro preserva los bordes mientras suaviza el resto de la imagen. sigma_s controla la intensidad del filtro. Un valor más alto preserva más los bordes.

Filtro bilateral (cv2.bilateralFilter): este filtro es útil para suavizar la imagen mientras se conservan los bordes. Los parámetros d, sigmaColor y sigmaSpace controlan respectivamente el tamaño del filtro, la variación de color y la variación espacial. Ajustar estos parámetros afectará a la cantidad de suavizado y la preservación de bordes.

Filtro Gaussiano (cv2.GaussianBlur): aplica un filtro Gaussiano para suavizar la imagen. El tamaño del kernel (7,7) y 2 como desviación estándar sigma afecta la cantidad de suavizado. Un valor más alto para sigma produce un suavizado más intenso.

Mezcla de imágenes (cv2.addWeighted): combina dos imágenes ponderadas. En este caso, se utiliza para realzar los detalles de la imagen aplicando un efecto de enfoque. Los parámetros alpha y beta controlan la contribución relativa de cada imagen a la mezcla.

Modificar estos parámetros puede afectar significativamente la apariencia final de la imagen, permitiendo ajustes personalizados para adaptarse a las necesidades específicas de procesamiento de imágenes.

Vemos que finalmente, las imágenes realmente parecen pinturas y son creaciones de la I.A.

Ahora vamos a dar un paso adelante y vamos a utilizar el tercer módulo de código, que es mucho más complejo, que además tarda en torno a las 10 horas en procesar y dar un resultado, pero lo hace de forma autónoma.

6.5 TRANSFERENCIA DE ESTILO NEURONAL + I.A. INTERPRETA LAS MENINAS DE PICASSO ESTILO DE VELÁZQUEZ

En 1957 Pablo Picasso realizó 58 pinturas de análisis exhaustivo y reinterpretando varias veces Las Meninas de Diego Velázquez. Se atribuye a Picasso este comentario dirigido a Sabartés en 1950:

"Si alguien se pusiese a copiar Las Meninas, totalmente con buena fe, al llegar a cierto punto y si el que las copiara fuera yo, diría: ¿Y si pusiera esta un poquito más a la derecha o a la izquierda? Yo probaría de hacerlo a mi manera, olvidándome de Velázquez. La prueba me llevaría de seguro a modificar la luz o a cambiarla, con motivo de haber cambiado de lugar algún personaje. Así, poco a poco, iría pintando unas Meninas que serían detestables para el copista de oficio, pero serían mis Meninas." Picasso, 1950.

Hoy el aprendizaje profundo, que posibilita componer una imagen con el estilo de otra imagen, lo llamamos transferencia de estilo neural, nos permite continuar la historia:

Ahora el algoritmo neural reinterpreta Las Meninas de Picasso con el estilo de Diego Velázquez.

La transferencia de estilo neuronal es la técnica que se describe en "A Neural Algorithm of Artistic Style" (Gatys et al.).

El algoritmo original de transferencia de estilo optimiza el contenido de la imagen a un estilo particular. Los enfoques modernos entrenan un modelo para generar la imagen estilizada directamente (similar a Cyclegan) con un modelo de estilización de imagen arbitraria preentrenado de TensorFlow Hub.

La transferencia de estilo neuronal es una técnica de optimización utilizada para tomar dos imágenes, una imagen de contenido y una imagen de referencia de estilo y combinarlas para que la imagen de salida se vea como la imagen de contenido, pero "pintada". en el estilo de la imagen de referencia de estilo.

Esto se implementa mediante la optimización de la imagen de salida para que coincida con las estadísticas de contenido de la imagen de contenido y las estadísticas de estilo de la imagen de referencia de estilo. Estas estadísticas se extraen de las imágenes utilizando una red convolucional.

Lo veremos con detalle. Primer paso cargamos las imágenes de contenido y estilo. Y aplicamos el algoritmo de transferencia como hicimos antes.

Comprobamos que el resultado del algoritmo crea ruido y distorsiones en la imagen resultante. Vamos a tratar que el Machine Learning, nos ayude. Para ello, utilizamos las capas intermedias del modelo y así obtener las representaciones de contenido y estilo de la imagen.

A partir de la capa de entrada de la red, las primeras activaciones de capa representan características de bajo nivel como bordes y texturas. A medida que avanza por la red, las últimas capas representan características de nivel superior: partes de objetos como ruedas u ojos. En este caso, está utilizando la arquitectura de red VGG19, una red de clasificación de imágenes previamente entrenada.

Estas capas intermedias son necesarias para definir la representación del contenido y el estilo de las imágenes. Para una imagen de entrada, intentamos hacer coincidir el estilo correspondiente y las representaciones de destino del contenido en estas capas intermedias.

Cargamos el VGG19 y los probamos en nuestra imagen para asegurarnos que funciona correctamente:

```
x = tf.keras.applications.vgg19.preprocess_input(content_image*255)
x = tf.image.resize(x, (224, 224))
vgg = tf.keras.applications.VGG19(include_top=True, weights='imagenet')
prediction_probabilities = vgg(x)
prediction_probabilities.shape

TensorShape([1, 1000])

323076096/574710816 ───────────── 1s 0us/step
335675392/574710816 ───────────── 1s 0us/step
```

Construimos el modelo

Las redes en tf.keras.applications están diseñadas para que pueda extraer fácilmente los valores de la capa intermedia utilizando la API funcional de Keras.

Para definir un modelo utilizando la API funcional, debemos especificar las entradas y salidas:

```
modelo = Modelo (entradas, salidas)
```

La siguiente función construye un modelo VGG19 que devuelve una lista de salidas de la capa intermedia:

```
def vgg_layers(layer_names):
  """ Creates a VGG model that returns a list of intermediate output values."""
  # Load our model. Load pretrained VGG, trained on ImageNet data
  vgg = tf.keras.applications.VGG19(include_top=False, weights='imagenet')
  vgg.trainable = False

  outputs = [vgg.get_layer(name).output for name in layer_names]
  model = tf.keras.Model([vgg.input], outputs)
  return model
```

Y para crear el modelo:

```
style_extractor = vgg_layers(style_layers)
style_outputs = style_extractor(style_image*255)
```

Calcular el estilo

El contenido de una imagen está representado por los valores de los mapas de características intermedias.

Resulta que el estilo de una imagen se puede describir mediante las medidas y las correlaciones entre los diferentes mapas de características.

Calculamos la matriz de Gram, que incluye esta información, tomando el producto externo del vector de características consigo mismo en cada ubicación y promediando ese producto externo en todas las ubicaciones. Esta matriz de Gram se puede calcular para una capa particular como:

$$G_{cd}^l = \frac{\sum_{ij} F_{ijc}^l(x) F_{ijd}^l(x)}{IJ}$$

Podemos implementarlo de manera concisa usando la función tf.linalg. einsum, con el siguiente código:

```
def gram_matrix(input_tensor):
  result = tf.linalg.einsum('bijc,bijd->bcd', input_tensor, input_tensor)
  input_shape = tf.shape(input_tensor)
  num_locations = tf.cast(input_shape[1]*input_shape[2], tf.float32)
  return result/(num_locations)
```

Extraemos el estilo y el contenido

Construimos el modelo que devuelve los tensores de estilo y contenido.

```python
class StyleContentModel(tf.keras.models.Model):
  def __init__(self, style_layers, content_layers):
    super(StyleContentModel, self).__init__()
    self.vgg = vgg_layers(style_layers + content_layers)
    self.style_layers = style_layers
    self.content_layers = content_layers
    self.num_style_layers = len(style_layers)
    self.vgg.trainable = False

  def call(self, inputs):
    "Expects float input in [0,1]"
    inputs = inputs*255.0
    preprocessed_input = tf.keras.applications.vgg19.preprocess_input(inputs)
    outputs = self.vgg(preprocessed_input)
    style_outputs, content_outputs = (outputs[:self.num_style_layers],
                                      outputs[self.num_style_layers:])

    style_outputs = [gram_matrix(style_output)
                     for style_output in style_outputs]

    content_dict = {content_name: value
                    for content_name, value
                    in zip(self.content_layers, content_outputs)}

    style_dict = {style_name: value
                  for style_name, value
                  in zip(self.style_layers, style_outputs)}

    return {'content': content_dict, 'style': style_dict}
```

Cuando llamamos a una imagen, este modelo devuelve la matriz de Gram (estilos) con los style_layers y del contenido del content_layers:

Variación total de la pérdida

Una desventaja de la implementación básica es que produce muchos artefactos de alta frecuencia. Lo podemos mejorar utilizando un término de regularización explícito en los componentes de alta frecuencia de la imagen. En transferencia de estilo esto se denomina pérdida total de variación.

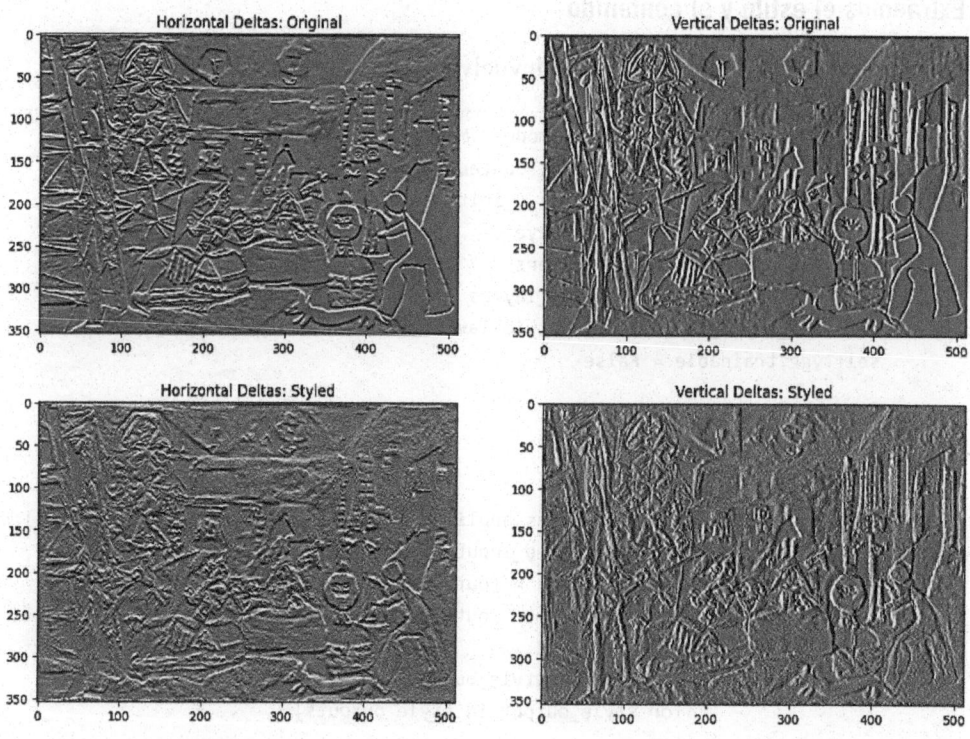

Esto muestra cómo los componentes de alta frecuencia han aumentado. Además, este componente de alta frecuencia es básicamente un detector de bordes.

Ejecutar descenso de gradiente

Con este extractor de estilo y contenido, ahora podemos implementar el algoritmo de transferencia de estilo. Lo hacemos calculando el error cuadrático medio de la salida de su imagen en relación con cada objetivo, luego tomamos la suma ponderada de estas pérdidas.

Establecemos sus valores objetivo de estilo y contenido:

```
style_targets = extractor(style_image)['style']
content_targets = extractor(content_image)['content']
```

Definimos una tf.Variable para contener la imagen a optimizar. Para que esto sea rápido, lo iniciamos con la imagen del contenido (la tf.Variable debe tener la misma forma que la imagen del contenido):

```python
image = tf.Variable(content_image)
```

Creamos el optimizador. El documento recomienda LBFGS, pero Adam también funciona bien:

```python
opt = tf.keras.optimizers.Adam(learning_rate=0.02, beta_1=0.99, epsilon=1e-1)
```

Para optimizar, utilizamos una combinación ponderada de las dos pérdidas para obtener la pérdida total:

```python
style_weight=1e-2
content_weight=1e4


def style_content_loss(outputs):
    style_outputs = outputs['style']
    content_outputs = outputs['content']
    style_loss = tf.add_n([tf.reduce_mean((style_outputs[name]-style_
targets[name])**2)
                           for name in style_outputs.keys()])
    style_loss *= style_weight / num_style_layers

    content_loss = tf.add_n([tf.reduce_mean((content_outputs[name]-content_
targets[name])**2)
                             for name in content_outputs.keys()])
    content_loss *= content_weight / num_content_layers
    loss = style_loss + content_loss
    return loss
```

Usamos tf.GradientTape para actualizar la imagen.

```python
train_step(image)
train_step(image)
train_step(image)
tensor_to_image(image)
```

Ya que está funcionando, realizaremos la optimización más larga:

```python
import time
start = time.time()

epochs = 10
steps_per_epoch = 100

step = 0
for n in range(epochs):
  for m in range(steps_per_epoch):
    step += 1
    train_step(image)
    print(".", end='', flush=True)
  display.clear_output(wait=True)
  display.display(tensor_to_image(image))
  print("Train step: {}".format(step))

end = time.time()
print("Total time: {:.1f}".format(end-start)
```

La imagen obtenida después de estas 1.000 interacciones y 21.125 segundos (5,9 horas) es:

Volvemos a ejecutar la optimización

Elegimos un peso total_variation_loss:

```
total_variation_weight=30
```

Ahora incluimos la función train_step:

```
@tf.function()
def train_step(image):
  with tf.GradientTape() as tape:
    outputs = extractor(image)
    loss = style_content_loss(outputs)
    loss += total_variation_weight*tf.image.total_variation(image)

  grad = tape.gradient(loss, image)
  opt.apply_gradients([(grad, image)])
  image.assign(clip_0_1(image))
```

Reiniciamos la variable de imagen y el optimizador:

```
opt = tf.keras.optimizers.Adam(learning_rate=0.02, beta_1=0.99, epsilon=1e-1)
image = tf.Variable(content_image)
```

Y ejecutamos la optimización:

```
import time
start = time.time()

epochs = 10
steps_per_epoch = 100

step = 0
for n in range(epochs):
  for m in range(steps_per_epoch):
    step += 1
    train_step(image)
    print(".", end='', flush=True)
  display.clear_output(wait=True)
  display.display(tensor_to_image(image))
  print("Train step: {}".format(step))

end = time.time()
print("Total time: {:.1f}".format(end-start))
```

Ahora, como resultado final y después de otras 1.000 interacciones y 20.639 segundos, obtenemos la imagen siguiente.

6.6 TRANSFERENCIA DE ESTILO NEURONAL CON TF.KERAS I.A. INTERPRETA SEGOVIA CON DISTINTOS ESTILOS

En este tutorial, nos sumergimos en el mundo del aprendizaje profundo para realizar composiciones de imágenes en el estilo de otras imágenes, utilizando lo que se conoce como transferencia de estilo neuronal. Esta técnica, descrita en el artículo de Gatys titulado "*El Algoritmo Neuronal de Estilo Artístico*", nos sumerge en un fascinante viaje de creatividad y tecnología.

La transferencia de estilo neuronal es una técnica optimizada que opera con tres imágenes: la imagen de contenido (generalmente una fotografía), la imagen de referencia de estilo (que suele ser una pintura) y la imagen resultante, que es una combinación del contenido y el estilo. El objetivo es transformar la imagen final para que conserve la esencia de la imagen de contenido, pero adopte el estilo visual de la imagen de referencia.

Este proceso se basa en el uso de representaciones neuronales para separar, calificar y recombinar el contenido y el estilo de las imágenes.

Esto se traduce en una conexión neuronal algorítmica que abre las puertas a la creación de imágenes artísticas de una manera única y sorprendente.

En el corazón de esta técnica se encuentran las redes neuronales convolucionales, que son la clase de red neuronal más potente en tareas de procesamiento de imágenes. Estas redes están compuestas por capas de pequeñas unidades computacionales que procesan información visual de manera jerárquica, utilizando retroalimentación para refinar y mejorar la calidad de las representaciones obtenidas.

Cada capa de unidades en una red neuronal convolucional puede concebirse como una colección de filtros de imagen, cada uno de los cuales extrae características específicas de la imagen de entrada. Así, la salida de una capa determinada consiste en lo que llamamos mapas de características: diferentes versiones filtradas de la imagen original.

Durante el entrenamiento en el reconocimiento de objetos, las redes neuronales convolucionales desarrollan una representación de la imagen que hace que la información del objeto sea cada vez más explícita a medida que se avanza en la red. Por lo tanto, a lo largo de la jerarquía de procesamiento de la red, la imagen de entrada se transforma en representaciones que se centran cada vez más en el contenido real de la imagen. Podemos visualizar directamente la información contenida en cada capa reconstruyendo la imagen a partir de los mapas de características.

Las capas superiores de la red capturan el contenido de alto nivel, como objetos y su disposición en la imagen, pero no se preocupan por los valores exactos de los píxeles en la reconstrucción. En contraste, las reconstrucciones de las capas inferiores simplemente replican los valores exactos de los píxeles de la imagen original.

Las capas más cercanas a la entrada codifican características de bajo nivel, como trazos y figuras geométricas, mientras que las capas más profundas almacenan conceptos de nivel más abstracto. El conjunto de los espacios de características de la red es capaz de almacenar patrones, texturas, y más.

En estos espacios de características, podemos realizar operaciones matemáticas que determinan la similitud entre dos estados de red, como el cálculo de la distancia euclidiana entre dos vectores o la matriz de Gram de una capa convolucional. Estos conceptos fueron utilizados por los investigadores de la Universidad de Tubinga para desarrollar el algoritmo que codifica el contenido semántico de una imagen y su estilo.

Para este propósito, utilizaron la arquitectura de red neuronal convolucional VGG-19, que consta de cinco bloques de capas convolucionales, cada uno con el mismo número de mapas de características y la misma resolución. Esta red fue previamente entrenada en la tarea de reconocimiento de las 1.000 categorías diferentes en el banco de imágenes ImageNet.

La transferencia de estilo neuronal con VGG-19 se utiliza para sintetizar una nueva imagen a partir de una fotografía y una obra de arte, transfiriendo el estilo de la segunda a la primera. Este proceso implica ajustar los valores de activación de la capa de entrada mediante el descenso del gradiente de la función de pérdida, actualizándolos en cada iteración hasta obtener una síntesis satisfactoria.

Veamos el resultado en nuestro ejemplo, en el que utilizamos, como imagen de contenido, una vista de la ciudad de Segovia sobre la que aplicaremos diversos estilos, para ver los diferentes resultados. En primer lugar, una pintura de mi tío Antonio, luego las mismas pinturas que utilizaron los autores del algoritmo y para finalizar otra mía de Segovia.

Veamos los resultados:

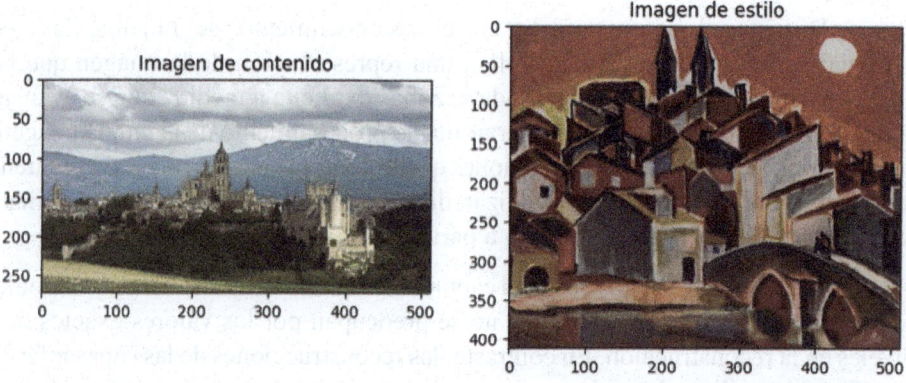

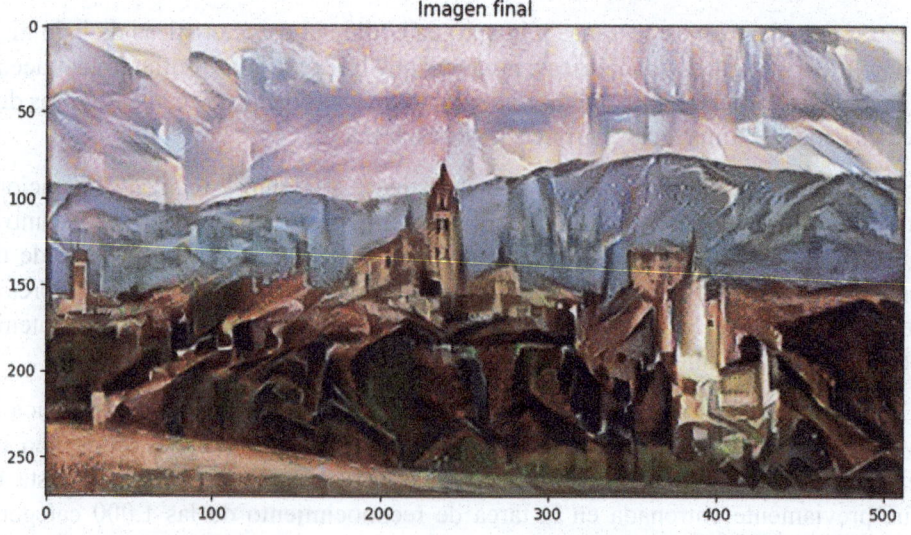

Vemos como la misma imagen ha cambiado, en el primer caso, utilizando el estilo de mi tío Antonio, la imagen recoge la paleta de colores e interpreta los contornos con el trazo plano de su pintura y simplifica los volúmenes.

Naturalmente no es perfecta, he realizado solo 300 interacciones para recoger el estilo. En las siguientes imágenes vemos como las imágenes va recogiendo el estilo. La primera es la original, las dos siguientes de 50 y 100 interacciones.

Después de 200, 250 y 300 iteraciones.

Podemos comprobar como la imagen cada vez recoge más el estilo. El programa está configurado para realizar al menos 1.000 iteraciones, pero realizarlas puede tardar más de 4 horas, por lo que, para este tutorial, en el que uso 5 estilos diferentes, he acotado el código a 300 iteraciones, por lo que las imágenes no representan totalmente el estilo, pero sí se pueden ya identificar sin duda alguna.

Ahora utilizaremos la famosa pintura de Van Gogh, Noche Estrellada:

Las siguientes imágenes son con el estilo de Pillars of Creation.

Vassily Kandinsky – Composition_7.

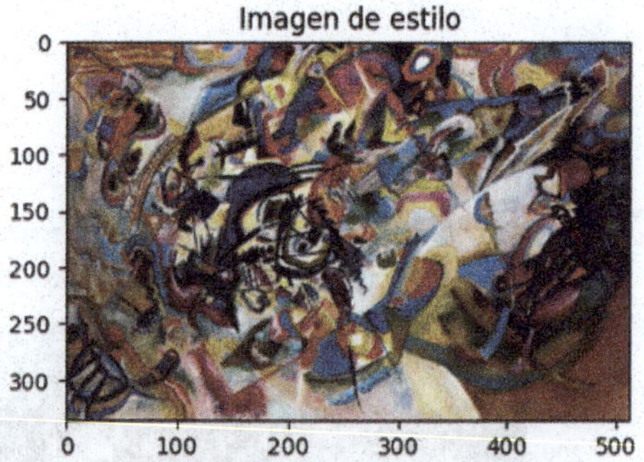

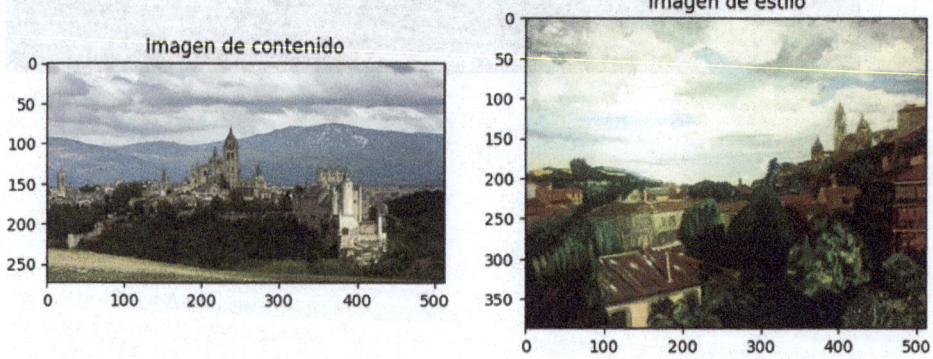

Y termino con la mía.

Como podemos comprobar, a pesar de que solo realizó 300 interacciones, la imagen recoge mi estilo, mi paleta de colores y cómo veo e interpreto yo las imágenes.

Es realmente fascinante que un sistema neuronal, que está entrenado para realizar tareas computacionales de clasificación y reconocimiento biológico, aprenda automáticamente a representar imágenes adicionando al contenido de la imagen, el estilo de una pintura.

La explicación podría ser que, al aprender del reconocimiento de objetos, la red tiene que hacerse invariante a toda variación de imagen que preserva la identidad del objeto.

Así, nuestra capacidad de abstraer el contenido del estilo y, por lo tanto, nuestra capacidad para crear y disfrutar el arte, podría ser principalmente una característica preeminente de las poderosas capacidades de inferencia de nuestro sistema visual.

Hemos recorrido el proceso con el que la Inteligencia Artificial es capaz de transferir el estilo de una imagen pictórica a una imagen fotográfica. Para mí el resultado es excelente, nuestro algoritmo, a través del código y las matemáticas de manera autónoma, transfiere a una imagen fotográfica parte de la sensibilidad, de la expresividad con la que un pintor nos muestra su interior.

No cabe duda de que la nueva imagen es una creación de la Inteligencia Artificial.

Antes no existía, la creó a partir de un contenido y de la transferencia de estilo.

Para mí, las imágenes nuevas, creadas, nos transmiten sensaciones, percibimos al artista, reconocemos su propio estilo definido.

Naturalmente, como yo hice, podemos transferir a las nuevas imágenes nuestro propio estilo y convertir nuestras fotografías en imágenes interpretadas con nuestra sensibilidad, con nuestra expresividad.

En el anexo adjunto incorporo algunas páginas web donde mantenernos al día y colaborar en estos desarrollos.

Para finalizar, para aquellos que tengan más curiosidad, añado un extracto y resumen realizado por mí, de un excelente trabajo que amplía el funcionamiento de uno de los algoritmos preentrenado de Google, que utilizamos para realizar algunos de los trabajos.

Si no fuera por ellos, para nosotros sería imposible obtener los algoritmos por nuestra cuenta, ya que necesitaríamos millones de imágenes, preparadas y formateadas y una capacidad computacional solo disponible para los grandes desarrolladores.

Animo a todos los pintores/as y artistas a explorar y experimentar con esta nueva tecnología.

Naturalmente, no pueden sustituir al alma y cerebro del artista, carecen de sentimientos y sensibilidad.

No tienen la capacidad creativa de un ser vivo, ya no digo humano, pero sí tienen mucha capacidad para ayudarnos en nuestra tarea más mecánica y productiva, para seguir mirando al mundo con nuestros ojos sensibles y nuestro corazón abierto.

¡Y que la suerte nos acompañe en nuestro viaje artístico!

ANEXOS

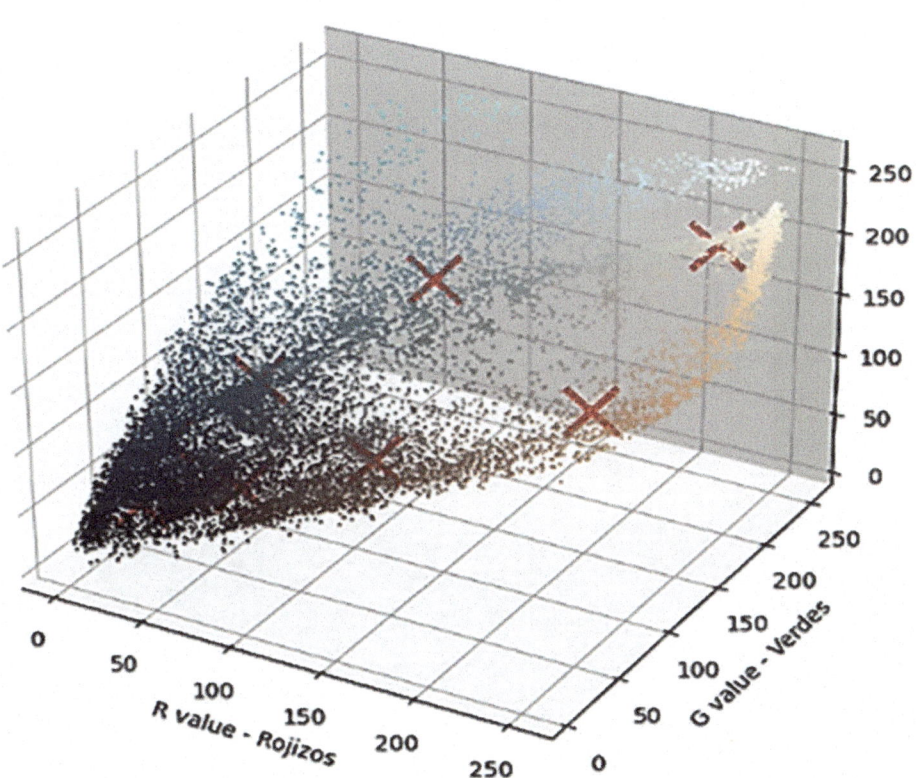

Anexo A

WEBS UTILIZADAS Y DOCUMENTACIÓN

► *https://www.coursera.org/specializations/machine-learning-introduction*

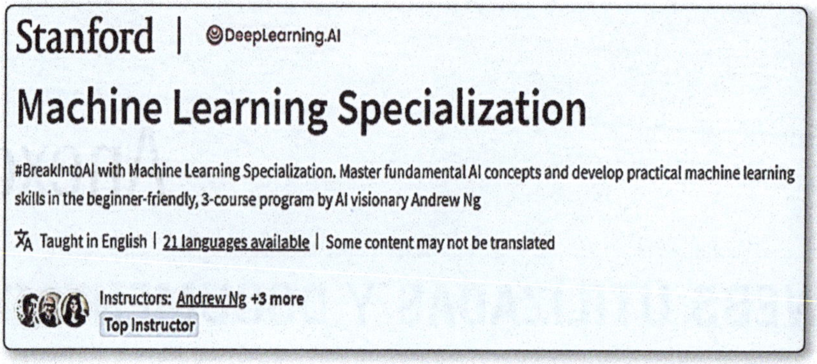

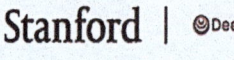

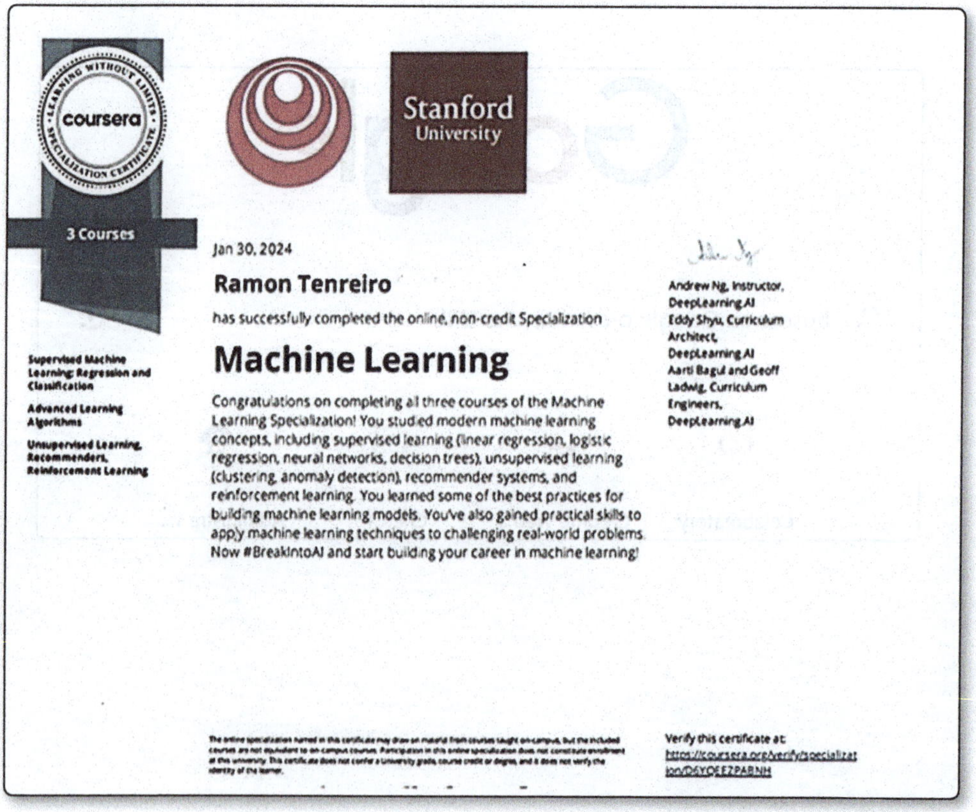

Página de la especialización de Machine Learning, que yo cursé para obtenerla.

Es donde he obtenido gran parte de mi conocimiento. Así como las imágenes producidas por el código en los ejercicios, exámenes y el laboratorio.

► ***https://www.tensorflow.org/tutorials?hl=es-419***

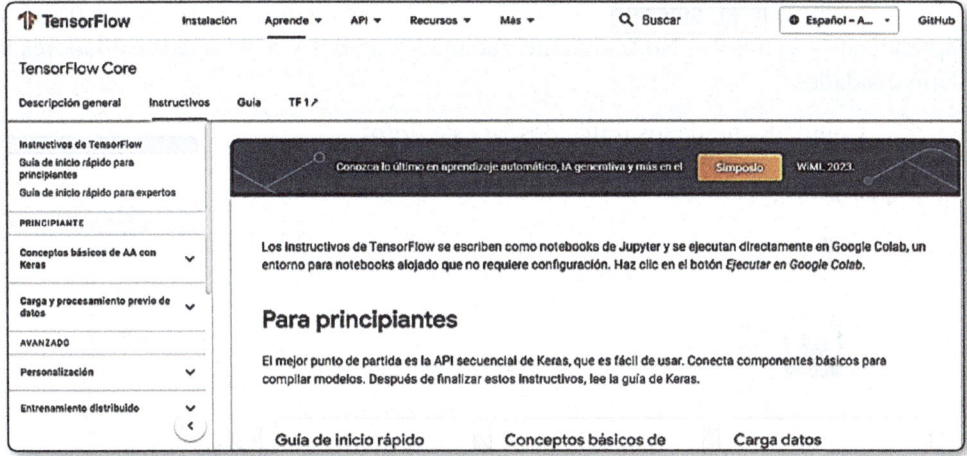

TensorFlow propiedad de Google, es una magnífica plataforma para aprender y para desarrollar modelos de Inteligencia Artificial.

Algunos de los ejemplos que he utilizado los he obtenido de esta plataforma, con pequeños cambios y modificaciones realizadas por mí para su explicación.

► ***https://www.kaggle.com/learn***

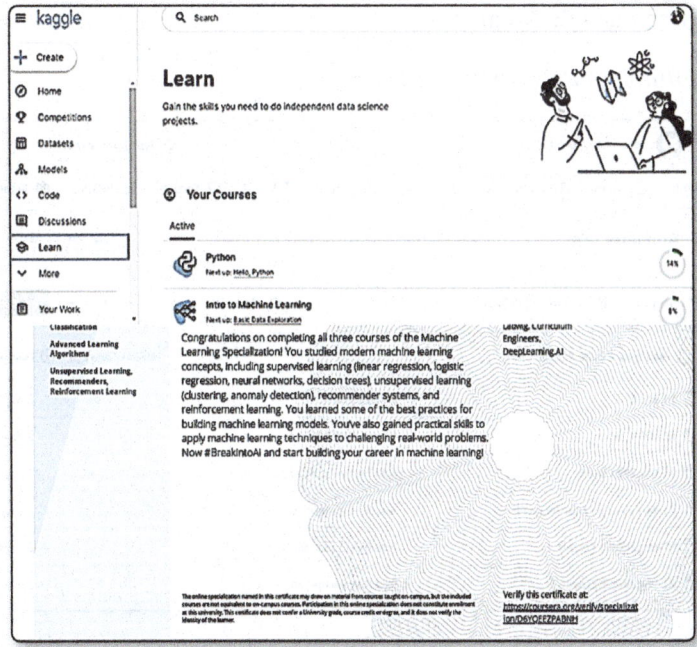

Excelente plataforma, también de Google, para aprender y competir.

Como en la anterior, incluyen datasets ampliamente utilizados para el aprendizaje y ejemplos. Normalmente vinculados a ellos y a otros desarrolladores y Universidades.

Como alguno de los utilizados en este libro.

► *https://github.com/github*

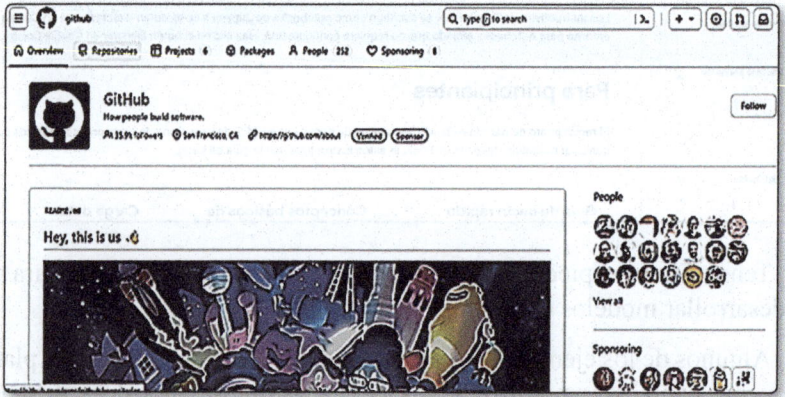

Github es una plataforma de desarrollo colaborativo para alojar proyectos, utilizando el sistema de control de versiones GIT.

Es propiedad de Microsoft.

► *https://github.com/rtenreiro/IAmPintor*

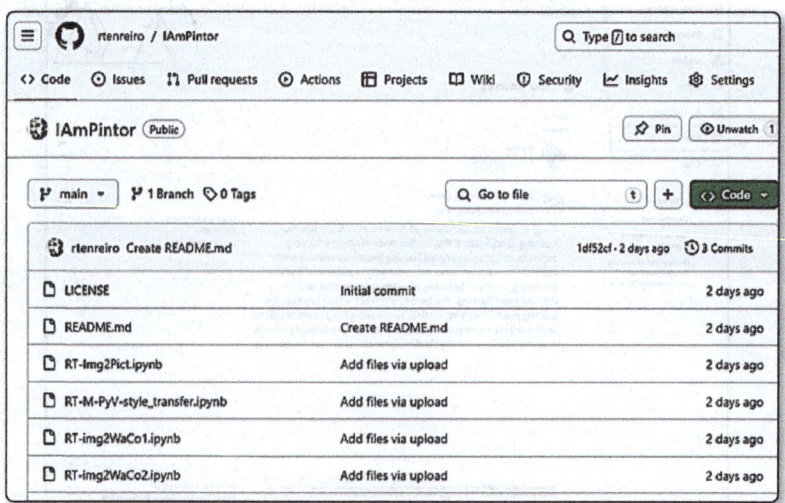

Mi repositorio donde están publicados y puedes obtener algunos de los Jupyther Notebook con los códigos que utilizo.

▶ *https://docs.jupyter.org/en/latest/*

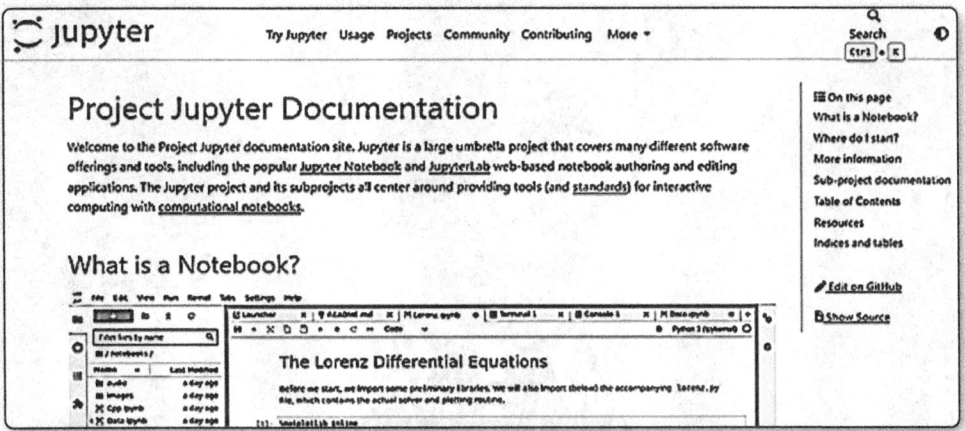

Jupyter Notebook es un entorno de desarrollo interactivo basado en la web. Está creado por Fernando Pérez en 2014, derivado del proyecto IPython. En 2015 Github y el proyecto Jupyter anunciaron el formato Notebooks. Hoy día, el proyecto Jupyter es una organización sin ánimo de lucro creada para desarrollar software de código abierto.

Además, hemos utilizado para la elaboración de alguna imagen, que luego hemos retocado en Photoshop.

▼ *https://www.img2go.com/*
▼ *https://openai.com/dall-e-3*

Por último, en algunos casos puntuales, para ayudarnos con el código Python, hemos utilizado:

▼ *https://openai.com/chatgp*

A.1. Imagen obtenida por Inteligencia Artificial (img2go.com)

Anexo B

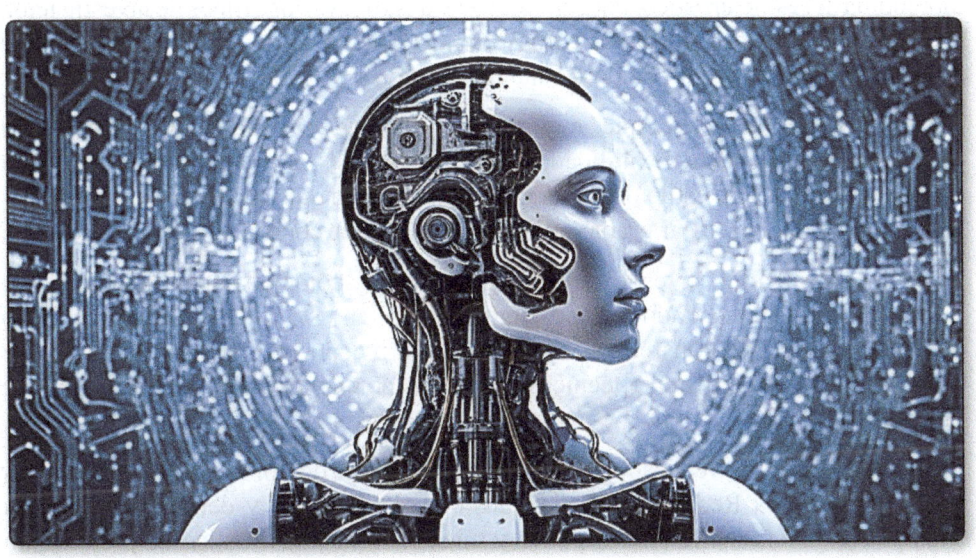

B.1. "DESARROLLO DEL ALGORITMO ARBITRARY NEURAL ARTISTIC STYLIZATION NETWORK" AUTORES GOLNAZ GHIASI Y OTROS

Explorar la estructura y el funcionamiento de los algoritmos de redes neuronales es esencial para comprender mejor cómo se lleva a cabo la transferencia de estilo artístico en el mundo de la Inteligencia Artificial. Basándome en el artículo *"Exploring the Structure of a Real-time, Arbitrary Neural Artistic Stylization*

Network" escrito por Golnaz Ghiasi y otros, vamos a sumergirnos en este fascinante campo de la ciencia.

Los primeros intentos en el ámbito de la transformación de imágenes a través de la computación se centraron en trabajar con la textura de los píxeles de la imagen, con el objetivo de mejorar el contraste o la resolución. Un hito importante ocurrió en 2001 cuando se demostró la capacidad de transferir la textura de un dibujo a una fotografía, dando lugar a un estilo artístico único.

Otra línea de investigación se enfocó en la construcción de modelos paramétricos de texturas visuales, destinados a coincidir con las estadísticas espaciales de patrones visuales. Estos modelos, conocidos como clasificadores de imágenes, permitieron diferenciar entre diferentes tipos de objetos y seres vivos en una imagen, lo que sentó las bases para la transferencia de estilos artísticos.

Sin embargo, optimizar una imagen para cumplir con estas restricciones resultaba computacionalmente costoso y no proporcionaba una representación aprendida del estilo artístico. Para abordar este desafío, varios grupos de investigación desarrollaron redes secundarias de transferencia de estilo, diseñadas específicamente para aprender la transformación de una fotografía en un estilo de pintura particular.

Aunque este enfoque mejoró la velocidad computacional, presentaba limitaciones en cuanto a flexibilidad, ya que cada red de transferencia de estilo estaba diseñada para un solo estilo de pintura. Esto significaba que era necesario construir y entrenar una nueva red para cada estilo adicional, lo que consumía tiempo y recursos.

Sin embargo, investigaciones más recientes, como el trabajo realizado por Dumoulin, han demostrado avances significativos en este campo. Dumoulin logró entrenar una red de transferencia de estilo para reconocer y aplicar 32 estilos de pintura diferentes, utilizando técnicas avanzadas de manipulación de parámetros de normalización.

En el trabajo realizado por los autores de este artículo, se amplían estas ideas construyendo una Red Neuronal de transferencia de estilo y demostrando que la Red puede generalizarse para capturar y transferir el estilo artístico de pinturas sin observación previa del sistema.

El trabajo se resumió en:

1. Introducir el nuevo algoritmo para la transferencia rápida y arbitraria de estilos artísticos, entrenado en 80.000 pinturas que pueden operar en tiempo real sobre pinturas nunca observadas.

2. Representar todos los estilos de pintura en un espacio compacto que capture las características de la semántica de las pinturas.

3. Demostrar que entrenar con una gran cantidad de pinturas, proporciona al modelo la capacidad de predecir estilos nunca observados.

4. La integración del espacio permite una exploración novedosa de la gama artística del artista.

Método

La transferencia de estilo artístico puede definirse como la creación de una imagen estilizada x a partir de una imagen de contenido c y una imagen de estilo s. Normalmente, la imagen de contenido c es una fotografía y la imagen de estilo s es una pintura.

El algoritmo neuronal de estilo artístico plantea que el contenido y el estilo de una imagen puede definirse de la siguiente manera:

▶ Dos imágenes son similares en contenido si sus características de alto nivel, extraídas por el sistema de reconocimiento de imágenes, está cerca en su distancia euclidiana.

▶ Dos imágenes son similares en estilo si sus características de bajo nivel, extraídas por el sistema de reconocimiento de imágenes, comparten las mismas estadísticas espaciales.

El objetivo de optimización para la transferencia de estilo se puede expresar como:

$$\min_{x} \mathcal{L}_c(x,c) + \lambda_s \mathcal{L}_s(x,s)$$

Donde Lc(x, c) y Ls(x,s) son las pérdidas de contenido y estilo y λs es el factor de Lagrange que pondera la fuerza relativa de la pérdida de estilo.

Asociamos niveles inferiores y características de nivel superior, como las activaciones dentro de un conjunto dado de capas inferiores S y capas superiores C, en una red de clasificación de imágenes. Las pérdidas de contenido y estilo se definen como:

$$\mathcal{L}_s(x,s) = \sum_{i \in S} \frac{1}{n_i} \parallel \mathcal{G}[f_i(x)] - \mathcal{G}[f_i(s)] \parallel_F^2$$

$$\mathcal{L}_c(x,c) = \sum_{j \in C} \frac{1}{n_j} \parallel f_j(x) - f_j(c) \parallel_2^2$$

Donde fl(x) son las activaciones en la capa l, nl es el número total de unidades en la capa l y G[fl(x)] es la matriz de Gram asociada con las activaciones de la capa l.

La matriz de Gram es una herramienta fundamental en este proceso. Es una matriz cuadrada y simétrica que mide la estructura de correlación promediada espacialmente en todos los filtros dentro de las activaciones de una capa. Esto permite capturar las estadísticas de estilo de una imagen.

Los primeros trabajos se centraron en actualizar iterativamente una imagen para sintetizar una textura visual y trasladar el estilo artístico a la imagen. Este procedimiento de optimización era lento y excluía cualquier oportunidad de aprender del estilo de una pintura. Posteriormente, se introdujo una segunda red, una red de transferencia de estilo, para aprender la transformación de la imagen del contenido c a su versión artísticamente representada x (es decir, x = T(c)).

Esta red de transferencia de estilo se formula como una Red Neuronal Convolucional con una estructura de codificador/decodificador. Durante el entrenamiento, se combina la pérdida de estilo y la pérdida de contenido, y los parámetros de la red se ajustan para minimizar esta combinación. Utilizando un conjunto de imágenes fotográficas como contenido, la red resultante es capaz de representar artísticamente una imagen.

Entrenar una nueva red para cada pintura no tiene sentido, porque los estilos de pintura comparten texturas visuales, paletas de colores y semántica comunes para analizar la escena de una imagen.

Construir una red de transferencia de estilo, que comparta su representación con muchas pinturas, proporciona un rico vocabulario para representar cualquier pintura.

Un truco simple, es construir una red de transferencia de estilo, como una arquitectura típica de codificador y decodificador, pero especializar los parámetros de normalización específicos de cada estilo de pintura. Este procedimiento, denominado instancia condicional de normalización, propone normalizar la activación z de cada unidad como:

$$\tilde{z} = \gamma_s \left(\frac{z - \mu}{\sigma} \right) + \beta_s$$

Donde μ y σ son la media y la desviación estándar, a través de los ejes espaciales en el mapa de activación γs y βs constituyen una transformación lineal, que especifica la media aprendida (βs) y la desviación estándar aprendida (γs) de la unidad. Esta transformación lineal es única para cada estilo de pintura s.

En particular, la concatenación ~S = {γs,βs} constituye aproximadamente 3.000-d vectores de incrustación, que representan el estilo artístico de la pintura. Se denota esta transferencia de estilo como T(·,~S). El conjunto de todos los {γs,βs} en N = 32 pinturas constituyen el 0,2% del total parámetros de red.

Dumoulin demostró que dicha red proporciona una estilización rápida de estilos artísticos y el espacio de inserción es lo suficientemente rico y fluido, como para permitir a los usuarios combinar los estilos de pintura, interpolando los vectores de incrustación aprendidos de los 32 estilos.

Aunque es un importante paso adelante, esta "N-style network" todavía es limitada, en comparación con la técnica original basada en la optimización, porque solo funciona con los estilos entrenados explícitamente.

El objetivo del trabajo de los autores es extender este modelo a entrenar en N 32 estilos y realizar estilizaciones para estilos de pintura nunca observados. Este objetivo es importante, porque el grado en que el algoritmo generaliza estilos de pintura, representa la verdadera amplitud y diversidad de todos los estilos de pintura.

Los autores proponen una extensión simple, en forma de red de predicción de estilo P que toma como entrada una imagen de estilo arbitrario s y predice el vector de incrustación ~S de constantes de normalización, como se ilustra en la siguiente imagen:

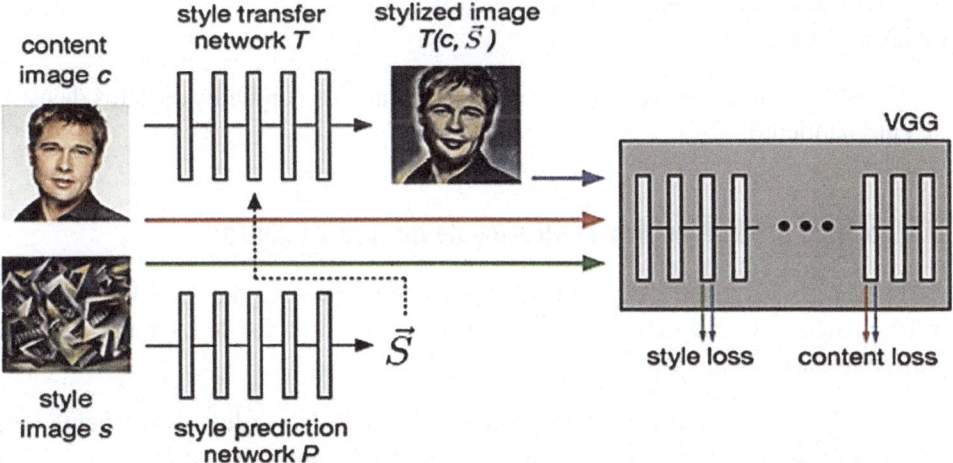

B.1. Imagen incluida en: GHIASI ET AL.: REAL-TIME ARBITRARY NEURAL ARTISTIC STYLIZATION NETWORK

La ventaja crucial de este enfoque es que el modelo puede generalizarse. Los autores usan la arquitectura Inception-v3, previamente entrenada, y calculan la media en cada canal de activación de la capa Mixed-6e, que devuelve un vector de características con la dimensión de 768.

Luego, aplican dos capas completamente conectadas, para predecir la incrustación final ~S. La primera capa conectada está construida específicamente para contener 100 unidades, que es sustancialmente más pequeña que la dimensionalidad de ~S para comprimir la representación.

A los autores les parece suficiente entrenar conjuntamente la red de predicción de estilo P y la red de transferencia de estilo T sobre un amplio corpus de fotografías y pinturas.

Resultados

Entrenaron la Red de Predicción de Estilo N y la Red de Transferencia de Estilo T en ImageNet, como un corpus de imágenes de contenido de entrenamiento y Kaggle Painter By Numbers (PBN) que consta de 79.433 pinturas etiquetadas de muchos géneros, como un corpus de formación de imágenes de estilo.

Además, entrenaron el modelo cuando el conjunto de datos de texturas describibles (DTD) se utiliza como corpus de imágenes de estilo de entrenamiento. Este conjunto de datos consta de 5.640 imágenes etiquetadas en 47 categorías.

En ambos casos, complementaron las imágenes de estilo de entrenamiento al azar, volteando, cambiando la escala, recortando y modificando el tono y contraste de las imágenes.

Presentando los siguientes resultados en ambos conjuntos de datos de estilo de entrenamiento:

El algoritmo predice estilos arbitrarios de pintura y textura

Se desataca que el algoritmo se entrenó de forma conjunta y, a diferencia del trabajo anterior, no fue necesario seleccionar un multiplicador de Lagrange único λs para cada estilo de pintura.

Es decir, con una única ponderación de estilo, la pérdida es suficiente para producir resultados razonables en todos los estilos de pintura y texturas.

Es importante destacar que se emplearon las redes entrenadas para predecir una estilización de pinturas y texturas nunca observadas por la red.

Cualitativamente, en las estilizaciones artísticas, no parecen distinguirse las estilizaciones producidas por el algoritmo de las producidas por pinturas y texturas reales contra las que se entrenó la red.

Esto fue una alentadora señal de que la red aprendió un método general de estilización artística que puede aplicarse a pinturas y texturas arbitrarias.

En las siguientes secciones, se cuantifica este comportamiento y se mide los límites de esta generalización.

Generalización a pinturas no observadas

Se confirma que el modelo es capaz de predecir estilizaciones de pinturas y texturas nunca observadas que son cualitativamente indistinguibles de las estilizaciones con pinturas y texturas entrenadas.

Para cuantificar esta observación, se entrenó al modelo en el conjunto de datos PBN y se calculó la distribución de las pérdidas de estilo y contenido en 2 fotografías, para 1.024 estilos de pintura observados (imagen A, negro) y 1.024 estilos de pintura no observados (imagen A, azul).

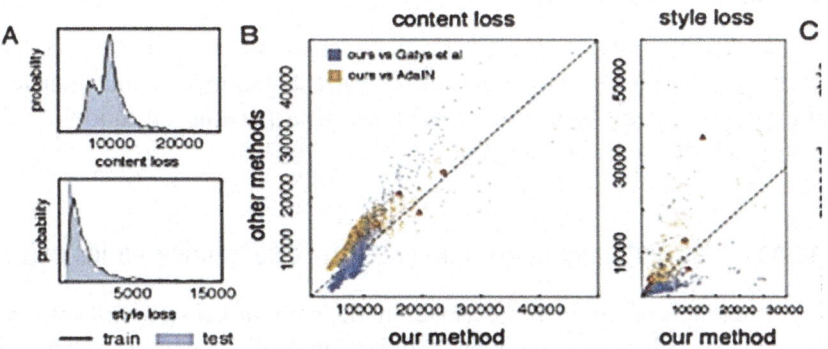

B.2. Imagen incluida en el trabajo original GHIASI ET AL.: REAL-TIME ARBITRARY NEURAL ARTISTIC STYLIZATION NETWORK

La distribución de pérdidas para los estilos observados es muy similar a la distribución en estilos no observados. Esto indica, que el método realiza estilizaciones en pinturas observadas con casi igual fidelidad que para estilos no observados.

En el gráfico que se incluye en el trabajo original se muestra una clara correlación positiva (r2 = 0,9), lo que sugiere que el modelo logra menores pérdidas de estilo cuando la imagen no observada es similar a alguna de los ejemplos de entrenamiento en términos de la matriz de Gram.

La escala a un gran número de pinturas es fundamental para la generalización

La pregunta fundamental que se planteó a continuación fue: ¿qué dota a estas redes de la capacidad de generalizarse a pinturas no observadas previamente? La hipótesis fue que la generalización se debe, en gran medida, al hecho de que el modelo se entrena con una cantidad mucho mayor de pinturas que las realizadas anteriormente.

Para probar esta hipótesis se entrenó la red de transferencia de estilo y predicción de estilos con niveles crecientes y se pudo observar cómo varía la pérdida de contenido y estilo, en pinturas no observadas, para un número cada vez mayor de pinturas.

Confirmando que la variación en las pérdidas de estilo es notablemente mayor para los estilos de pintura no observados y esta distribución no es asíntota hasta aproximadamente 16.000 pinturas.

Es importante destacar que, después de aproximadamente 16.000 pinturas, la distribución del contenido y la pérdida de estilo coinciden aproximadamente con la pérdida de contenido y estilo.

El entrenamiento con una pequeña cantidad de pinturas produce una generalización deficiente. Mientras que el entrenamiento con una gran cantidad de pinturas produce estilizaciones razonables, a la par que un modelo entrenado explícitamente en este estilo de pintura.

El espacio de incrustación captura la estructura semántica de los estilos

La estructura de la representación de baja dimensión no sólo contiene similitud visual, sino que también refleja similitud semántica. Curiosamente, encontraron una región del espacio de baja dimensión que contiene una gran fracción de pinturas impresionistas de Claude Monet.

Estos resultados sugieren que la red de predicción de estilo ha aprendido una representación para estilos artísticos que se organiza, en gran medida, en función de nuestra percepción de la similitud de lo visual y semántico sin ninguna supervisión explícita.

La estructura del espacio de inclusión permite una exploración novedosa

Para explorar más a fondo la estructura de incrustación, examinaron si podían generar estilizaciones razonables, variando los cambios de estilo locales, para un estilo de pintura específico.

Aunque entrenaron la red de predicción de estilo para pintar imágenes, descubrieron que la representación incrustada es extremadamente flexible. En particular, suministrar a la red una imagen de contenido (es decir, una fotografía), produce una incrustación que actúa como transformación de la identidad.

En la siguiente imagen vemos la transformación de la identidad en una imagen de contenido. Es importante destacar que podemos interpolar entre la estilización de la identidad y la arbitraria para marcar efectivamente el peso del estilo de pintura.

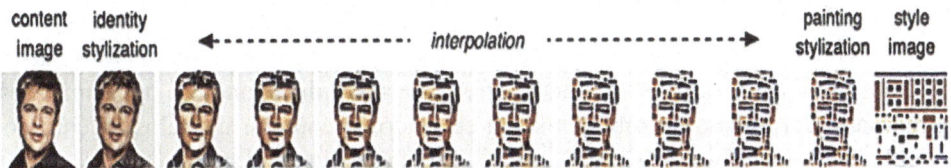

B.3. Imagen incluida en el trabajo original GHIASI ET AL.: REAL-TIME ARBITRARY NEURAL ARTISTIC STYLIZATION NETWORK

Conclusiones

Se ha presentado un nuevo método para realizar una transferencia de estilo artístico rápida y arbitraria en imágenes. Este modelo se entrena a gran escala y se generaliza para realizar estilizaciones basadas en pinturas nunca observadas.

Es destacable que aumentar el corpus de estilo de pintura entrenado confiere al sistema la capacidad de generalizar a elementos no observados de estilos de pintura. Además, se demostró que la capacidad de generalización es predecible en función de la proximidad del estilo no observado a los estilos entrenados por el modelo.

Demostraron que la capacidad de generalizar es, en gran medida, predecible en función de la proximidad del estilo no observado a los estilos entrenados por el modelo.

Encontraron que la arquitectura del modelo proporciona un espacio de incrustación de baja dimensión, que capturan muchas propiedades semánticas de las pinturas.

Exploraron este espacio demostrando que un espacio de baja dimensión captura la gama artística y vocabulario de un artista determinado.

Además, introdujeron una nueva forma de interpolación que permite al usuario marcar arbitrariamente la fuerza de una estilización artística.

Este trabajo ofrece varias direcciones para futuras exploraciones. En particular, observan que la representación incrustada de pinturas solo captura una parte de la información semántica disponible para una pintura.

Se podrían aprovechar los metadatos de las pinturas para refinar la representación de incrustación, a través de una pérdida de incrustación secundaria.

Otra dirección es mejorar la calidad visual de la estilización artística a través de métodos complementarios que preservan el color de la fotografía original o restringen la estilización a una región espacial de la imagen.

Además de proporcionar otra herramienta para manipular fotografías, la transferencia de estilos artísticos ofrece varias aplicaciones y oportunidades. Gran parte del trabajo en robótica se ha centrado en entrenar modelos en entornos simulados, con el objetivo de aplicar este entrenamiento en el mundo real.

Las técnicas de estilización mejoradas pueden brindar una oportunidad para mejorar la generalización a dominios del mundo real donde los datos son limitados.

Además, mediante la construcción de modelos de pinturas con representación de baja dimensión para el estilo de pintura, esperamos que estas representaciones puedan ofrecer algunas ideas sobre las complejas dependencias estadísticas en las pinturas, de imágenes en general, para mejorar nuestra comprensión de la estructura de las estadísticas de imágenes naturales.

BIBLIOGRAFÍA

Imagen obtenida por Inteligencia Artificial (img2go.com)

Golnaz Ghiasi, H. L. (2017). Exploring the Structure of a Real-time, Arbitrary Neural Artistic Stylization Network. Google Brain and MILA Université de Montréal, 12.

Karen Simonyan* & Andrew Zisserman+ Visual Geometry Group, Department of Engineering Science, University of Oxford "Very Deep Convolutional Networks For Large-Scale Image Recognition".

Leon A. Gatys, Alexander S. Ecker, Matthias Bethg "A Neural Algorithm of Artistic Style".

Martín Abadi, A. A. (s.f.). TensorFlow: Large-scale machine learning on heterogeneous systems. Obtenido de TensorFlow: https://www.tensorflow.org/tutorials?hl=es-419

Nestor Maslej, Loredana Fattorini, Erik Brynjolfsson, John Etchemendy, Katrina Ligett, Terah Lyons, James Manyika, Helen Ngo, Juan Carlos Niebles, Vanessa Parli, Yoav Shoham, Russell Wald, Jack Clark y Raymond Perrault, "The AI Index 2023 Annual" Informe", Comité Directivo del índice de IA, Instituto de IA centrada en las personas, Universidad de Stanford, Stanford, CA, abril de 2023.

Pérez-Sust, S. T. (2008). Sistema visual la percepción del mundo que nos rodea. OFFARM Vol 27 Num 6, 98-102.

Philip Boucher "Artificial intelligence: How does it work, why does it matter, and what can we do about it?" - Scientific Foresight Unit (STOA) – EPRS | European Parliamentary Research Service June 2020.

Wikipedia, F. (2024). Wikipedia la enciclopedia libre. Obtenido de https://es.wikipedia.org/wiki/Wikipedia.

Zhang, H. a. (2017). Multi-style Generative Network for Real-time Transfer. arXiv preprint arXiv:1703.06953.

MATERIAL ADICIONAL

El material adicional de este libro puede descargarlo en nuestro portal web: *https://www.ra-ma.es*.

Debe dirigirse a la ficha correspondiente a esta obra, dentro de la ficha encontrará el enlace para poder realizar la descarga.

Cuando descomprima el fichero obtendrá los archivos que complementan al libro para que pueda continuar con su aprendizaje.

INFORMACIÓN ADICIONAL Y GARANTÍA

- ▶ RA-MA EDITORIAL garantiza que estos contenidos han sido sometidos a un riguroso control de calidad.

- ▶ Los archivos están libres de virus, para comprobarlo se han utilizado las últimas versiones de los antivirus líderes en el mercado.

- ▶ RA-MA EDITORIAL no se hace responsable de cualquier pérdida, daño o costes provocados por el uso incorrecto del contenido descargable.

- ▶ Este material es gratuito y se distribuye como contenido complementario al libro que ha adquirido, por lo que queda terminantemente prohibida su venta o distribución.

SÍGUENOS EN INSTAGRAM Y ACCEDE GRATIS A NUESTRA BIBLIOTECA DIGITAL DURANTE 30 DÍAS.

@grupoeditorialrama

¡ENVIANOS TU MAIL POR PRIVADO!

Grupo Editorial
ra-ma

40 ANIVERSARIO